教務主任 1年目の教科書

Kobayashi　Yasuhiro
小林　康宏

大事な
ことが
まるっと
わかる

明治図書

JN041570

はじめに

　教務主任の仕事は，学校教育法施行規則第44条の4に，「教務主任は，校長の監督を受け，教育計画の立案その他の教務に関する事項について連絡調整及び指導，助言に当たる」と規定されています。

　このうち「教務」とは，時間割の調整，教科書・教材に関する事務処理，教育課程の検討・作成，学籍に関する事務処理，学校行事の企画・運営，指導要録・通知表の作成・管理といった，「教育に関する事務」のことを指します。教育に関する事務の仕事について言えば，仕事の内容も，仕事を行う時期も毎年そう大きく変わるものではありません。

　また，例えば，指導要録や通知表のテンプレートも多くの学校にあります。

　したがって，教育に関する事務に関してはこれまでの教務主任が行ってきたことを着実に行っていけば，仕事は確実に回っていきます。

　しかし，教務主任の仕事に慣れ，それをこなしていくことそのものを目的として働くのでは，きっとどこか物足りない気がするでしょう。

　教務主任の仕事はとても多いからこそ，仕事に追われるのではなく，「目的」をもって仕事をした方が，働き甲斐を感じることができるでしょう。

　では，その目的とは何でしょうか。

　それは，「学校をよりよくすること」に尽きます。

　言い換えれば，「一人ひとりの子どもが笑顔で登校でき，友だちと仲良くでき，勉強ができるようになること」です。

　そのためには，先生方が目標を共有し，見通しをもち，協力し合い，改善すべきところは改善し，校務を進めていくことが必要になります。

　そこに，教務主任だからこそできることがあります。

　一般に，教務主任は各係，及び学年の活動の情報共有・調整等を行う「教務学年主任会」を企画，運営します。学年主任や生徒指導主任等が集まる会

議は，各係，学年の活動状況を報告し合うだけではもったいないです。例えば，教務主任が感じる課題や目指す学校の姿を伝え，各主任が課題や目標を共有し，実践していく道筋をつくることができます。

　さらに，研究主任や生徒指導主任等の各主任を生かすこともできます。各主任が感じている課題や目指す学校の姿を知り，会議に提案してもらい，検討し，学校体制で実践につなげていくことができます。

　一方，このように，教務学年主任会を軸として，先生方の願いを実践につなげたり，先生方同士をつなげたりしていくためには，校長や教頭との連絡・調整，見通しをもった会議スケジュール，各主任の主体性を高めるしかけなど，様々なことが必要になります。そこで本書では，基本的な教務主任の仕事に加え，12か月分の教務学年主任会のもち方の例をはじめ，上にあげた点についての方策を具体的に示しました。

　その他にも，先生方が子どもたちに対して効果的な指導・支援を行っていくためには，それぞれの先生が担当する校務に見通しをもってあたり，できるだけ能率的に処理することが求められます。そこで本書では，例えば要点を絞った学級経営案のモデルなど，忙しい先生方の校務が円滑に進むために教務主任ができることについても具体例を示しました。

　また，年度末から新年度にかけてのバタバタする時期のマネジメントのポイントについても示しています。

　教務主任の仕事を「こなす」のではなく，教務主任の仕事を通して「学校をよりよくしたい！」「子どもをよりよくしたい！」「職員室を明るくしたい！」と願う先生方の一助になることを願っています。

　最後になりましたが，明治図書出版の矢口郁雄氏には，このたびも大変お世話になりました。心よりお礼申し上げます。

2024年2月

小林康宏

はじめに

第1章　ビジョンを描き，効率的に仕事を行うために

第2章　学校が円滑に回るスケジュール管理

第3章　学校をアクティブにする教務学年主任会

第4章　教務学年主任会の各月の話題

第5章　校務の質と効率を上げる

第6章 新年度準備，儀式的行事を円滑に進める

第7章 学校内外の人間関係を円滑にする

第8章 教務主任1年目に特に大切にしたいこと

第1章 ビジョンを描き，効率的に仕事を行うために

Chapter 1

「こんな学校をつくりたい！」
というビジョンを描く

計画づくりは責任重大

　「教務」とは，教育に関する事務を指します。

　したがって，教務主任の仕事には，教育計画の立案をはじめとして，年間行事予定表の作成，月暦や週暦の作成，時間割の作成や調整といった事務的な仕事が数多くあります。

　学校が円滑に回っていくには，「いつ，何をするのか」という計画がしっかりと立てられていることが必要になります。例えば，年間行事予定表がなければ，学年の社会科見学の実施日や下見の日を決めることができません。また，参観日がいつかわかっていなければ，保護者は授業参観のためにいつ仕事を休めばよいのかが判断できません。

　このように，教務の立てる年間行事予定をはじめとした計画は，**教師ばかりでなく，子どもにとっても保護者にとっても非常に重要**ですから，絶対に間違いのないようにつくることが必要になってきます。

　計画をつくっていく仕事は，責任重大なのです。

ビジョンを描く

　ただ，年間行事予定表にしても，週暦や月暦にしても，それらをミスのないように作成することは緊張感が高い仕事なのですが，楽しくて，ワクワクするようなものにはなかなかなりません。

　もちろん，様々な計画をつくっていくことはとても大切な仕事なのですが，学校の中で，校長，副校長，教頭に次ぐ立場として先生方に見られ，ある程

度先生方への影響力もある立場になったわけですから、「自分はこの学校をどうしていきたいのか」といったビジョンを描けるとよいでしょう。

このような意識をもつことで、**「間違えないように細かい仕事をする」と**いったいわば「守り」の気持ちから、**「こんな学校をつくりたい！」といった「攻め」の気持ちへと自分の構えを変化させることができます。**

「こんな学校をつくりたい！」というビジョンには、いくつかの観点があります。

「子ども一人ひとりが積極的に発言し合い、協働的に学びを深めていく」といった「学力向上」に関するもの、「さわやかなあいさつをし合うことができる」といった「生活態度」に関するもの、「先生方がお互いの個性を認め合い、高め合っていける」といった「教職員の資質向上」に関するものなどがあります。

このようなビジョンを描くことで、教務主任の仕事により積極的に取り組むことができ、学校をよりよい方向に変えていくことができるでしょう。

CHECK!

せっかく教務主任という学校の屋台骨を支える立場になったのです。「こんな学校をつくりたい！」という自分のビジョンを描きましょう。

管理職に相談し，係を生かす

 ## 管理職の願いと重ねる

　教務主任として，「こんな学校をつくりたい！」というビジョンを描いても，それだけでは実効は伴いません。校長や教頭といった管理職に自分が思っていることをお伝えし，また，校長の願いをお聞きする中で，自分が描いたビジョンを，管理職の願いに基づくものとすり合わせ，変容させていきます。

　言い換えると，**管理職と教務主任が，目指す学校の方向性を心から一致させる**ということです。

　このように，学校運営の中心が固まることで，先生方の進む方向も固まっていき，学校が一体感をもって歩むことにつながります。

　また，教務主任の仕事は激務ですが，自分が描いている学校をつくり，子どもたちを育てるという使命感をもつことで，やらされている激務ではなく，挑む激務となります。

　新年度が始まったらすぐ，管理職に教務主任としての思いを聞いていただき，管理職の願いを伺う機会を取りたいところです。

 ## 管理職とのコミュニケーションは密に

　子どもの姿は，日々変わっていきます。

　いろいろな出来事が起き，その中で子どもたちは育っていきます。

　また，先生方の状態も日々変わっていきます。心身ともに元気な日もあれば，疲れて心がささくれ立っている日もあります。

　こういった学校の状況を，管理職と教務主任が共有することが，子どもたち，そして先生方にとってよりよい学校運営につながります。

　そこで，**放課後等に，短時間でよいので積極的に管理職に報告，相談する機会を週に何回か取ることが大切**です。

 ## 係を生かす

　管理職の願いと重ね，学校の進むべき方向を定めたとしても，教務主任自身ができる仕事は限られています。

　そこで大切になってくるのが，各係を生かすということです。

　例えば，「本校では，授業の際にめあてを板書するクラスもあれば，板書されないクラスもある。子どもが本時の目的をもち，追究を焦点化させていくためには，授業の導入時にめあての板書をすることは必要である」と考えたとき，実際に先生方に呼びかけるのに相応しいのは研究主任の立場です。

　そこで，研究主任に現状の課題を伝え，どう思うかを尋ねますが，このとき，こちら側の思いを一方的に伝えるのは避けたいところです。**上意下達のような空気をつくってしまうと，それぞれの係の先生方の課題を解決しようとする思考が停止する**からです。

　教務主任としては，自分の改善案はもったうえで，係の考えをまずはしっかり聞くことが大切です。担当の係としても，考えを求められることで，問題意識をもち，自分事として改善案を考えることにつながります。

　係としての考えが述べられたら，教務主任としての思いも伝え，両者の考えをすり合わせたうえで，係の主体性を発揮してもらいます。

CHECK!

　忙しい管理職にはこちらから話しかけていくタイミングを図ることが肝心。係主任と話す際には，係の主体的な動きを促す中で，具体的にどう進めていくかまで詰めることが実行につながります。

リソースを生かして，
作業は効率よく行う

 教務主任には様々な書類をつくる仕事が

　例えば，月暦。

　１か月の校内の行事予定や１日の時間数，下校時刻，先生方の出張の予定等を載せます。

　たった１枚の文書ですが，これを正確につくるためには，学校全体の行事予定，学年の行事予定，先生方がいつどんな会議でどこに出張するのかといった具体的な内容をつかみ，反映させることが必要になります。

　そのためには，行事や出張の情報を教頭や各学年の先生方から得る必要があります。

　また，学校評価アンケート。

　アンケートをつくり，依頼状をつくって，実際にアンケートを行い，それを集計してデータをグラフ化する，という一連の仕事があります。

　教務主任が作成する文書は，月暦のように細かな情報を漏れやミスのないようにつくっていくものから，学校評価アンケートのように数値を表に入れたりグラフ化したりするといった操作を必要とするものまで，多岐にわたります。

　このような文書を教務主任が一からつくらなければいけないとなったら，かなりの不安と負担を感じます。

　しかし，新しく教務主任になった先生が，一からつくるという学校はまずないでしょう。多くの場合，学校のサーバーに前年度の月暦や前年度の学校評価アンケートのデータが残っています。

　それらをテンプレートとして活用していくことで，作業の効率はずいぶんと上がります。

 ## 使い方は積極的に尋ねる

　ただ，前年度のデータは見つかったとしても，使い方がわからない場合があります。そんなときはどうしたらよいでしょうか。

　ベストなのは，前任者に尋ねることです。

　前任の教務主任が自校にいらっしゃる場合は最も聞きやすいと思います。

　一方，前任の教務主任が他校に転出した場合，質問するのは少しためらわれると思います。また，自分が異動したばかりで，前任者と面識がない場合は，もっと聞きにくいでしょう。

　しかし，例えば，年間行事予定表と週暦をマクロを組んで連動させているような場合，よくわからない人がいじってしまうと大変なことになるおそれがあります。

　わからないときは，ためらわずに前任者にどんどん尋ねましょう。

 ## 次の人のために

　文書の作成の仕方を前任者に尋ねなければならなくなることの責任は，前任者にあります。次の人が文書をつくりやすいように仕事の手順のマニュアルをわかりやすくつくっておけば，新任の教務主任はスムーズに文書をつくれます。したがって，**自分が前任者に聞いたことなどは記録し，自分の次に教務主任になった方が困らないようにしておきましょう。**

CHECK!

　文書作成に関する質問は，前任者の予定を聞き，質問内容を伝えてから，質問に答えてもらう期間を設けるのが望ましいです。自分がそれぞれの文書を作成するタイミングに合わせて行いましょう。

１年間，１か月，１週間の スケジュールをもつ

 １年間を見渡した計画を立てる

　教務主任は，先生方の水先案内人です。

　先を見通して提案をしたり，係に声をかけたりしていくことで，先生方は安心して自分の仕事を進めていくことができます。

　そのためには，教務主任自身が１年間の全体像を把握し，早め早めに仕事を進めていくことが必要です。

　そこでまず，４月から３月までに教務主任として行わなければならない仕事を洗い出します。

　仕事は大きく２つに分類できます。

　１つは，**職員会議に出すもの**です。例えば，１学期の終業式の計画であれば，前年に職員会議にかけた日が文書に書いてあったり，文書を製作した日がデータに残っていたりします。この場合は，その日付から，いつまでに何をしたらよいのかを考えることができます。

　もう１つは，月暦のように職員会議に出さないものや，学校評価アンケートの分析や通知表の評価項目のように，職員会議に出す前に下準備がいるものです。これらの場合には，自分で何をいつまでにすればよいのかから計画する必要があります。

　仕事を洗い出したら，１年間のどのタイミングで何をするかの計画を立てていきます。

　この計画を立てることによって，１年間の見通しがもてます。そうしたら，あとは自分で立てた計画に沿って進めていきます。計画を実行していく際，

もう少し早く始めておけばよかったとか，もっと後から始めた方がタイミングがよかった，といったことがあるでしょう。その場合は，計画表をその都度修正していけばよいのです。

　来年度の自分のスケジュール管理に効果的ですし，それを残しておけば，自分の次に教務主任になる方にも役立つでしょう。

 ## 1か月の計画を立てる

　1年間を見渡した計画を立てたら，次は1か月の計画を立てます。

　1か月を上旬，中旬，下旬のように10日で区切るのもよいですし，1か月をおよそ4週間として，1週目，2週目，3週目，4週目と4つに区切るのもよいでしょう。

　分けたら各月の計画を立てていきます。上旬には教務学年主任会の報告づくり，中旬には教務学年主任会で各係に話してもらうことの取材，下旬には次回の教務学年主任会の要項づくり，といったように，毎月やらなければならないことを計画していきます。**そこに1年間の見通しを立てたときに各月に割り振った仕事も加えます。**

 ## 1週間の計画を立てる

　月曜日から金曜日までをどんなサイクルで過ごしていくかを計画します。

　これは，例えば週暦のように，主に毎週出さなければいけないものをどのようなスケジュールで準備していくかということです。

CHECK!

　1年間で行う仕事と位置が見えることや，1か月，1週間で行うルーティンが見えることで，仕事に見通しがもてます。また，計画表になっていることで仕事の落ちや漏れがなくなります。

１人で抱え込まない

 １人でやりたくなる気持ちを抑えて

はじめての教務主任。

先輩の教務主任が夜遅くまで職員室で仕事をしていた姿を見ていると，「教務主任は仕事が多く，ハードなのが当たり前。自分も遅くまで仕事をしなければ…」と思いがちです。

また，教務会（校長，教頭，教務主任，教務副主任，保健主事，事務主事等で構成される会）のうち，教務副主任（学年主任の代表）の先生の様子を見てみると，忙しそうにしています。そうすると，仕事の分担をお願いするのはためらわれます。自分は新たに教務主任になったばかりで，とても仕事の分担をお願いしたいとは言えません。

このようにして，たくさんの仕事を教務主任が１人で抱えてしまう，ということが起きます。しかし，通知表の内容検討，学校要覧，月暦の製作など，多岐にわたり，ボリュームのある仕事を，すべて教務主任がやるということは避けるべきです。

理由は２つあります。

１つは，**仕事の質を落とさないため**です。教務主任も授業を行います。学級担任をしたり，学年主任をしたりする場合も多くあります。たくさんの仕事をこなそうとすることで，それぞれの仕事に対して深く考えることは難しくなります。結果として，教務の仕事がやっつけになったり，授業の質が下がったりします。

少しの心の余裕をもつ意味

もう1つは，**少しの心の余裕をもつため**です。

　学校の1日は事件の連続です。学級担任が急に休むことになったための補充計画や自習監督，子ども同士のトラブル対応，地域住民や保護者からのクレームへの対応など，解決しなければならないことが次々に起こります。

　しかし，自分の仕事がたまりにたまり，心に余裕のない状態では，一つひとつの課題に対する対応の丁寧さが欠けてしまいがちです。反対に，少し心の余裕をもっていれば，視野を広くもち，課題を客観的に見て，適切に対応することが可能になります。

だれに，いつ，どのように分担するか

　基本的には，学年主任の先生方に分担してもらうのがよいでしょう。**理想は，かつて教務主任を経験したことのある先輩，次の教務主任候補となる後輩と自分との3人で分担する形**です。先輩からは教務主任の仕事を教えていただくことができ，後輩には教務主任の仕事に少しずつ触れてもらうことで引き継ぎをスムーズにすることができます。

　4月はじめの教務学年主任会の前に分担を依頼できるとよいでしょう。はじめての教務主任であることの不安を伝え，助けていただきたい思いを伝えたうえで，それぞれの先生に1つだけ分担をお願いします。

　例えば，学校要覧はA先生，通知表関係はB先生とするだけでも，随分と負担感は軽くなります。

CHECK!

　教務主任の仕事は量が多く，責任重大です。それを分担してもらうことは，教務主任の負担が減るだけでなく，対応すべき課題が生じたときにチームとして厚みのある対応ができることにもつながります。

週に一度は早く帰る

 教務主任はみんなの鑑

　教務主任の仕事ぶりは，自分が思っている以上に他の先生方から見られています。学校の中では，管理職を除けば，教務主任が先生方の中でトップの存在です。ですから，「教務主任の先生はどんな授業をするのかな」「廊下を走り回っている子どもを見かけたらどんな声かけをするのかな」といった授業や生徒指導のことはもちろん，「仕事をどうやってこなしていくのかな」「職員室の中で先生方にどんな接し方をするのかな」と様々な面が見られています。そして，多くの先生は，教務主任の姿を見て「自分の参考にしたい」「手本にしたい」と思っています。

　したがって，教務主任が遅くまで残ってパソコンの画面に向かっていれば，「自分も夜遅くまで学校に残って仕事をするのがよいのだろう」という意識につながります。**教務主任の仕事熱心な姿が，職員室の早く帰りにくい雰囲気を招いてしまうのです。**

 早く帰ることの意味

　以上のように，教務主任の姿は先生方にとっての鑑となりますし，学校の雰囲気をつくることにもなります。教務主任が仕事を早く終わらせて帰る姿を見せることもまた，先生方にとっては１つの手本となり，仕事に区切りがついたらできるだけ早く帰る雰囲気をつくることにつながるのです。

　また，早く帰ることは，教務主任自身をはじめ，先生方の心身の健康の維持にもつながります。

曜日を考える

　職員会議のある水曜日を定時退庁日として位置づけている学校も多いですが，**職員会議後に打ち合わせが生じることが多いので，水曜日に教務主任が早く帰ることは難しい場合があります。**

　持ち帰り仕事は好ましくはありませんが，それが生じても授業のない週末で片づけられる金曜日は，早く帰る日に適していると言えます。

 ## いつから何時ごろに帰るか

　年度当初は作成する書類が多く，新任の先生方を中心に困り事について助言を求められることも多くあります。したがって，1学期に早く帰る日を決めるのはなかなか難しいでしょう。2学期以降，学校が落ち着いてきたら，「2週に一度は〇時に帰る」から始めて，「週に一度は〇時に帰る」というように，無理なくだんだん早く帰るようにしていけるとよいでしょう。

CHECK!

　遅くまで残っている先生の中には，早く帰ろうと思っても帰れない人もいれば，遅くまで仕事をするのが好きな人もいます。早く帰ろうとするときは，自分の姿を他の先生方がどう見るかを考えることも大切です。

ストレスを溜め込まない

 教務主任が感じるストレス

　教務主任になり，学校全体を見渡すようになると，これまでとは異なるストレスを感じるようになります。

　主なものとして３つあります。

　１つ目は，**進んで行きたい方向に動かない先生がいることに対するストレス**です。例えば，教務からの提案で「今年度はチャイムで始まり，チャイムで終わる授業に全校で取り組みましょう」と年度当初に申し合わせたとします。多くの先生方は，申し合わせたことに対して誠実に取り組んでくださいます。一方で，中休みの時間が終わり，３時間目の始まりのチャイムが鳴ってから職員室の自席を立つ先生の姿が見られます。学校全体で決めたことを破ることに対して，また，教務主任の提案を無視することに対して大きなストレスを感じます。

　２つ目は，**孤独さに対するストレス**です。例えば，学年主任は，学年の先生方と日常的に話すことができますし，学年主任同士で悩みを相談し合えます。しかし，教務主任は，副教務主任が位置づいていれば多少悩みを相談することもできますが，校内に同じ立場の先生はいません。そのため，孤独感を覚え，ストレスを自分だけで抱えてしまいがちです。

　そして３つ目は，やはり**仕事量が多いことに対するストレス**です。

 愚痴をこぼす

　教務主任の立場上，以上のようなストレスが日常的にかかることは，ある

程度までは避けられません。とはいえ，放っておくとストレスは溜まっていく一方ですから，適度に解消していくことも必要です。

　ストレス解消の最も手軽な方法は，愚痴をこぼすことです。立場上，相手や場所を選ぶ必要はありますが，**聞いてもらえるだけでストレスの解消になります。**管理職に聞いてもらうのもよいですし，家族に聞いてもらうのもよいでしょう。家族が学校関係者ではないと，世間一般の感覚で助言してもらえる場合もあります。

意識的に仕事から離れる

　意識的に仕事から離れ，学校のこととは全然違うことを週末に行うというのもよい方法です。そうすることで「モヤモヤしていたけれど，案外大したことはなかった」と思える場合も多々あります。週末はパソコンやスマホを一切見ないということも，仕事のスイッチを切るためには効果的です。

CHECK!

　1つのことに囚われ始めると，視野は一層狭くなり，ストレスはどんどん溜まります。自分に視野を広げさせるための方法をいくつかもっておくとよいでしょう。

第2章　学校が円滑に回るスケジュール管理

Chapter 2

教育計画の全体構成と分担，製作日程を12月の職員会議で扱う

 早めに出すことの2つの意味

　多くの学校の教育計画は3月末に製本します。したがって，12月に教育計画のことについて扱うのは，随分と気が早い印象があります。

　しかし，12月に教育計画について扱うことには2つのよさがあります。

　1つは，**計画的に準備を進めてもらえる**ことです。係によっては何ページも書く場合があります。あらかじめ製作日程を示し，いつまでに書いてもらうかを知らせることで，特に負担の大きい先生にとっては見通しがもちやすくなります。また，異動する先生は，3月は特に忙しくなるので，あらかじめいつまでに書けばよいのかを知っていれば，前倒して進めていくことができます。

　もう1つは，**より質の高い計画をつくることができる**ことです。教育計画をつくる前，多くの学校では12月，1月に係の反省を行い，1月下旬から2月のはじめにかけて職員会議で振り返りを行い，来年度への見通しをもつようになります。これら一連の振り返りを受けて教育計画がつくられていくのですが，自分が分担する箇所があらかじめわかっていれば，反省から責任をもって自分事として取り組み，今年度よりも質の高い計画をつくっていくことにつながります。

　係によっては，来年度の計画の日付だけ変えればできてしまうものもありますが，それでは進歩がありません。教務主任を数年行い，慣れてきたら，職員会議で教育計画作成の提案を行うときに，今年度の反省に基づいて，1つでよいので新提案を入れられるよう各係に呼びかけるとよいでしょう。

提案は一度で

　教育計画の提案を行った後で「書式はこうです」「データはサーバーのここに入れてください」といった連絡が後追いで次々になされるのは好ましくありません。中には，提案があったらすぐに原稿執筆に取りかかってくれる方もいます。そういった方にとって，後から追加や訂正の連絡があることは非常に迷惑です。以下のことは提案のときに伝えましょう。

> ■係の番号　　　　■係名　　　　■執筆担当者名　　　■書式
> ■ページ番号（多い場合は 4 －①， 4 －②…のように枝番号をつける）
> ■原稿提出期間　　■提出する部数　　■表裏になる係　　■提出場所
> ■提出方法　　　　■教育計画作成日

 ## 今年度のデータを共有する

　教育計画の原稿をゼロから書く先生はほとんどいません。毎年大きく変更されるものではないので，来年度用の原稿を書く際には，今年度のものを使います。そこで，職員会議で提案が通ったら，翌日までに今年度の教育計画をプリントアウトした原稿を執筆担当者に配付します。自分は何を書くか意識してもらうためです。また，今年度のデータをサーバー内にコピーしておきます。そして，**今年度のデータはどこに何という名前をつけて保存すればよいかもあわせて伝えます。**

CHECK!

　製本する際，例えば，儀式的行事係と文化的行事が表裏になる場合があります。こういったことも提案のときに伝えておくと，書き手のストレス軽減につながります。

願いを込めた教育計画の作成は
みんなで手際よく行う

 表紙に教務主任の願いを込める

　教育計画には表紙がありますが，そこには，文字だけではなくビジュアル要素を入れることが多いでしょう。最も手軽なのは校章を貼りつけることです。校章には学校の願いが込められているので，校章が表紙に載っていることは，学校の進むべき方向の示唆という意味で適切だと言えるでしょう。

　ただ，校章以外でもよいのであれば，教育計画の表紙には，教務主任の願いを込めた写真を載せるのがおすすめです。

　例えば，「今年度，子どもたちが異年齢で活動し，お互いのよさを引き出し合う成果があった。来年度もお互いを認め合い，お互いのよさを引き出し合えるような関係をつくりたい」というのであれば，異年齢の子同士が関わり遊んでいる様子の写真を載せます。また，「今年度は，積極的に考えを発表することが課題になった。来年度は，人前に出て発表することが好きな子を育てたい」という願いがあれば，児童集会等で子どもががんばって発表している様子の写真を掲載します。

　せっかく教務主任が一番苦労して教育計画をつくるわけですから，少しだけ，自分の願いを込め，自分の楽しみをもつこともよいと思います。ただし，**教務主任の個人的な願いではなく，管理職の願いと共通のものであることが前提**となります。

 すぐ拾えるように原稿を出してもらう

　教育計画は全部で100ページを超えることもあります。また，学校規模に

よっては50部を超える冊数が必要になる場合もあります。したがって，印刷した原稿を教務主任の机上に提出する形をとると，集まった原稿の整理がとても大変です。そこで，卒業式が終わり，子どもが来なくなった後に提出期間を設定し，1つの教室を印刷原稿の提出場所とします。その際，今年度の教育計画の原稿のコピーを置いておき，その上に来年度用の原稿を置いてもらうようにします。そうすると，あとは，原稿を拾うだけです。

チームワークよく冊子をつくる

製本には1人でも多くの職員の手が必要です。12月の職員会議に続き，2月の職員会議でも教育計画の製本日を伝え，見通しをもってもらいます。

指サックや紙ファイル，穴あけパンチなどを用意しておき，原稿を拾う係，原稿に穴をあける係，紙ファイルに綴じ込む係など，集まってくれた先生方の役割分担を教務主任が素早く決め，できるだけ効率よく作業を進められるようにします。

CHECK!
印刷原稿に各自で穴をあけると，紙ファイルに綴じる際，それぞれの穴の位置が微妙にずれていて，もう一度穴あけをする必要が生じる場合があるので，印刷原稿は穴をあけずに提出してもらうのがおすすめです。

年間行事予定表は、
早めに動いてミスなくつくる

 11月から作業を始める

　はじめにおことわりです。年間行事予定表は教頭が作成する学校が多いと思いますが、教務主任が作成するところもあるので、本項を起こしています。

　来年度の諸会合や対外的な行事の日程が決まってくる時期は様々です。遅いものだと2月の末くらいだったりしますが、修学旅行等、予約の関係で1年前から日にちを確保する必要がある場合を除くと、早いもので10月くらいから対外的な行事・会合の日が決まってきます。

　したがって、年間行事予定表の作成は、できれば11月くらいから本格的に始められることが望ましいでしょう。そうすることによって、早くから決まっていた行事を見落としてしまうといったことが避けられます。

　また、早くから職員会議でも示していくことによって、学年の行事を考えたり、それぞれの先生方が担当する係の行事を決めたりしていくことにも効果があります。11月の職員会議で、今年度の年間行事予定表の日付を来年度用に変えたものを示します。各学年や各係で、来年度の年間行事予定表に入れることを希望するものや、すでに決まっているものがあれば、随時知らせてもらうよう呼びかけます。また、行事の実施日についての相談にも乗ることを伝えます。

　以降、**月に1回程度、職員会議で作成途中の年間行事予定表を資料として示し、進行状況を先生方に伝えていきます。**

色を変えてわかりやすく

　年間行事予定表を作成する際，はじめに行うことは，来年度用に日付を変えることです。

　日付を変更したら，文字を赤字に変えます。**いったんすべて赤字にして，確定したものから黒字に変えていきます。**そうすると，当たり前ですが，すべての作業が終了した段階で，文字はすべて黒字に変わります。

　注意したいのは，行事の実施日が大きく変わるときです。今年度並みの実施日であれば，多少動くだけなので文字色を変えるのみでミスは生じにくいのですが，実施日が大きく変わると，今年度の実施日のところにある行事名がいつまでも赤字で残ってしまい，ミスの元になります。したがって，今年の実施日にある行事名は必ずその都度消していくようにします。

データの扱いを丁寧に

　ミスを生じさせないためには，データの扱いを丁寧にする必要もあります。そのために2つ大切なことがあります。1つは，**根拠を取っておく**ことです。外部からの会議通知等は印刷物やメールで根拠がわかりますが，先生方から口頭で聞いたものは根拠が残りません。したがって，学年行事の実施日等はメモ書きでもよいので書いたものをもらい，保管しましょう。もう1つは，**データを操作する人を限定する**ことです。万が一データが消えてしまったら大変なことになります。データにはパスワードをかけて教頭と教務主任だけが操作できるようにしておき，バックアップも取りましょう。

> **CHECK!**
> 　年間行事予定表に記載されている内容は正確であることが求められます。最終案ができたら，職員会議で当該の係，学年に確認を依頼し，点検，報告してもらうとよいでしょう。

特別教室の時間割編成の基本を押さえる

 ## みんなが喜ぶ時間割を

　理科室，音楽室，校庭，体育館などの特別教室を，いつ，どこのクラスが使用するのかを決めるのも教務の仕事です。

　特別教室の時間割を組むうえで大事なのは，**学級担任の先生にとって使い勝手がよい**ということです。これは，換言すれば子どもの学習が充実するということです。このような特別教室の時間割を組むには，いくつかの条件をクリアすることが必要になります。

 ## 先生方の声を聞く振り返りと要望

　まず行いたいのは，**今年度の特別教室の時間割について，使い勝手の評価を聞く**ことです。学年末に，１年間を振り返ってみて，来年度変更してほしいことを聞きます。また，同時に大切にしたいのが，**今年度よかったので来年度も動かさないでほしい**ということです。後者も聞かないと，都合がよかった時間割を変更してしまい，結果として不便をかけてしまうことがあり得ます。また，都合がよかった時間割を変更せざるを得なくなった場合に備えて説明を準備しておくことも大切です。

 ## 専科の授業はできるだけ連続させない

　特別教室の時間割を組むうえで基本的に大切にしたいことを２つ述べます。

　１つは，**子どもが専科の授業を連続して受けるようにしない**ことです。

　小学校で学級担任が多くの授業を受け持つことの利点として，担任が１日

のうちの多くの時間を子どもと過ごすことにより，子どもが落ち着いて授業に参加することができ，子どもの状態に合わせて授業をしやすいということがあります。逆にいうと，子どもが落ち着いて授業に参加できるようにするためには，専科の授業が連続することは好ましいとは言えません。

　ただ，高学年になると，音楽，理科，時には図工，家庭，算数，体育と，専科が受け持つ授業が増えていきます。この場合も，連続して専科の授業が入る日が続かないように配慮することが大切です。

 低学年を優先する

　もう1つは，**低学年を優先する**ことです。

　例えば，給食の準備に時間のかかる1年生に，4時間目の校庭を当てるといったことは好ましくありません。逆に，授業の終わりに中休みがある2時間目であれば，1年生が校庭を使う授業も，時間いっぱい行うことができます。このように，低学年では教室移動や着替えに時間がかかるので，特別教室を使う授業の前後の授業にしわ寄せが生じないように時間割を考える必要があります。

 使用が不定期の部屋は先着制に

　例えば図書館。毎週授業で使うクラスもあれば，そうではないクラスもあります。このように使用頻度がクラスにより異なる場合，特別教室の時間割に入れる必要はありません。**サーバー上に教室予約表を置いて管理することで，使いたいクラスが遠慮なく使うことができます。**

CHECK!

　ベースになるのは，今年度の時間割です。1か所動かそうとすると，連動して複数の箇所を変更する必要があるので，できるだけ今年のものを生かす中で工夫をしていくのが良策です。

教室ごと，クラスごとに
特別教室の時間割を作成する

 ## 特別教室の時間割だけでは不十分

　４月のはじめの職員会議で示される教育計画に各特別教室ごとの時間割表があり，それを見て担任の先生が自分のクラスの時間割表を作成していくタイプだと，特別教室の時間割をすべて入れてみるまで，自分のクラスがどのように特別教室を使用していくのかイメージがわきません。実際に時間割を組んでみたときに不都合が見つかり，編成し直し，という事態になる場合もあります。

　一方，クラスごとに特別教室の時間割が示されていると，自分のクラスの状況がひと目でわかります。したがって，特別教室の時間割を教育計画に載せる際には，**特別教室ごとの時間割と，クラスごとの特別教室の時間割の２つがあると便利**です。

　なお，学校によっては，特別教室の時間割だけでなく，各クラスのすべての授業を入れた時間割を教育計画に載せるところもあります。様々な事情でそのようにしているのでしょうが，例えば，「国語や算数は午前中の子どもが集中できるときにやりたい」など，学級担任にもそれぞれの考え方があるので，自分で考えた時間割の方がより主体的に学級経営を行えるのではないでしょうか。

 ## 子どもの動きをシミュレートする

　教務で各特別教室の時間割をつくったら，クラスごとの特別教室の時間割をつくります。

　このときに，専科が連続しているとか，低学年なのに校庭の使用時間が4時間目になっている，といった不具合を発見することができます。各特別教室の時間割をつくっているときに注意を払っていても，実際にクラスごとの時間割のコマに入れてみることで，このように修正を図るべき点が見えてくることがあります。

完璧なものを職員会議に

　でき上がった特別教室の時間割は，4月のはじめの職員会議で先生方に周知します。それを受けて，各クラス担任の先生は，自分のクラスの時間割を作成して，始業式のときに子どもたちに配付する時間割表をつくり，印刷します。

　また，学級掲示用の時間割表もつくり，印刷します。

　もし，教務で作成した特別教室の時間割にミスがあると，当該のクラスに迷惑がかかるだけでなく，連動して他のクラスにもその影響が波及してしまうことがあります。

　したがって，職員会議で示す特別教室の時間割はミスのないものであることが必須です。そのためには，教務主任が1人で時間割の編成作業をするのではなく，**係をつくって複数名で担当し，複数の目で最終点検をすることが必要**になります。

CHECK!

　可能であれば，作成したクラスごとの特別教室の時間割は，現学年の学年主任に見てもらい，来年度の子どもたちにとっての使い勝手をチェックし，仕上げていくと，より完成度の高いものができます。

時間割入力の手順を示す

 抱き合わせの教科の組み合わせをつくる

　各クラスでは，特別教室の時間割が示されたら，自分のクラスの時間割を組んでいきます。授業を行う週は１年間で35週が想定されており，学習指導要領で示されている標準授業時数を見ると，例えば「特別の教科　道徳」のようにそれが35時間の場合，週に１コマ入れればよいことがわかります。２年以上の算数は175時間です。35でわると５になるので，算数は週に５コマ入れればよいことがわかります。

　ところが，現行学習指導要領では，５，６年の体育の90時間のように，35でわりきれない教科がいくつもあります。このように，**35でわりきれない教科は，複数を合わせて35でわりきれるようにして「抱き合わせ」の時間をつくる必要があります。**例えば，５，６年の体育は90時間ですから，50時間の図工と合わせると140時間になり，体育単独のコマを２つ，図工単独のコマを１つと，年間で体育を20時間，図工を15時間行う「体育／図工」のコマを１つつくればよいことになります。したがって，先生方には，**抱き合わせの時間を示すと共に，その時間のときには，どの教科を何時間行うのかも知らせる必要があります。**

 すぐにつくれるようにする

　４月のはじめは学級事務が膨大なので，少しでも効率的に作業が進むことを求められます。時間割のつくり方を簡潔に示した右ページのような資料をつくり，手順通りにすればすぐにつくれるようにします。

4/8（火）までに時間割の入力を

2024/04/02　教務

L:¥J_教務関係¥01_時間割¥4月8日〆切 のフォルダに学年ごとにファイルがありますので，以下の流れに従って入力をお願いします。ファイルは上書きする形で保存してください。

① ドロップダウンリストから教科を選び，各曜日の各コマに教科を埋めていきます。

※ **ドロップダウンリストとは…**
左の図のように，コマをクリックすると出てくる教科名です。

※ ドロップダウンリストに教科名がない場合は時間割表の下に教科名の一覧がありますので，一覧から教科名を「コピー」して，時間割表の中で，「形式を選択して貼り付け→値」の順で右クリックしていき貼り付けてください。

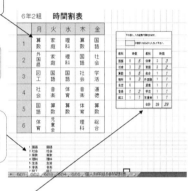

6年2組　時間割表

② 入力が終わったら，右側の表を見て，黄色の部分の数字と白い部分の数字が一致するか確認してください。

※ **抱き合わせの教科に関する注意事項**
・ 音楽と図工が組になっているコマは音楽として入力してください。（3,4 年）
・ 児童会と国・算の抱き合わせになっているコマは児童会として入力してください。（4,5,6 年）
・ 音楽と総合の抱き合わせになっているコマは音楽として入力してください。（5,6 年）
・ 家庭科と総合の抱き合わせになっているコマは家庭科として入力してください。（5,6 年）
・ 体育と図工の抱き合わせになっているコマは体育として入力してください。（5,6 年）

CHECK!

資料の要点は３つ。１つ目は締切を示すことです。２つ目は作業順序をナンバリングすることです。３つ目は実際のパソコンの画面を示して具体的なイメージをもってもらうことです。

時間割作成の相談に乗る

 時間割は学力向上のための重要戦略

　時間割は担任するクラスの子どもたちの成長を左右すると言っても過言ではありません。

　例えば，子どもが嫌いな教科の上位に入り，週あたりの授業時数が多く，教師にとって教えにくい教科のランキングでも上位に入る，国語。

　5年の国語の授業は週5時間です。毎日5時間目や6時間目に国語の授業を入れていくとどうなるでしょうか。

　教師にとっては苦手な教科なので，がんばってもなかなか授業の充実を図ることは難しくなります。

　子どもも，午後になると疲れが出てきます。

　当然授業は重たい雰囲気になり，結果として，なかなか力がつかないといった事態に陥る可能性があります。

　また，例えば今年度は総合的な学習の時間で積極的に地域に出たいと思っている場合，2時間目の後の中休みの時間も利用して地域に出かけることが考えられます。そうなると，そのクラスでは，3，4時間目に総合的な学習の時間を位置づけることになります。

　このように，時間割作成は，機械的に教科を入れていくのではなく，戦略を考えて行うことで，授業がやりやすくなり，子どもたちも積極的に参加するということにつながっていきます。

　担任教師にとっては，時間割作成を通して今年度担任する子どもたちの身になってみるとか，自分が今年度力を入れていきたいことを考えるといった，

１年間の見通しをもつことにもなります。

ただ，例えば４月のはじめの職員会議で，「時間割を戦略的に考えることは大切だ」と言っても，実際にどう組めばよいのかがわからないという先生もいます。

そこで，**職員会議で時間割づくりについての説明をする際に，「相談があればいつでも伝えてほしい」と述べ，個別に先生方の時間割作成のお手伝いをします。**

机に向かう教科は午前中

時間割作成のお手伝いをすることは大切なのですが，学年によっては，学年主任を中心に，学年で相談しながら時間割をつくっているというところもあります。そういったところには，当然のことながら介入しません。**学年の協調性と主体性を大切にします。**介入することで，教務主任と学年主任の関係が悪くなるなど，よいことはありません。

４月のはじめは，学年主任も多忙です。個々の担任に時間割作成が任されている学年で，つくり方がよくわからないという先生に声をかけます。

基本的には，国語や算数など，机に向かう教科は午前中に行った方がよいです。単調になりがちなときでも，午前中であればなんとか集中力が維持できます。また，担任にとって指導が苦手な教科も，午前中に入れた方が子どもたちが前向きに参加することが期待できます。

反対に午後の時間でもよいのは，図工など活動が伴う教科です。これまで担任してきた経験も踏まえ，助言します。

CHECK!

相談に乗るとき注意したいのが，こちら側の考えを押しつけないことです。教務主任の考えに触れる中で，相手の先生が自分なりの戦略をもって時間割を組めることが一番大事です。

前年度のうちに
児童名簿を仮でつくる

名簿づくりは大きな労力

　４月の膨大な学級事務のうちでも，家庭訪問の下調べと，住所や緊急連絡先の入った児童名簿をつくるのは，かなり労力を使うものでしょう。

　１年生は，まったくの０の状態でつくり始めなければなりません。

　２年生以上でも，クラス替えをする場合，まず新しいクラス用にデータを再編成する必要があります。そのうえで，子どもが年度当初持参する児童調査票を見て新しいデータを入力していきます。クラス替えをしない場合でも，新年度になったところで児童調査票を回収して，変更のあったデータを入力していきます。

　時間割作成のように４月になって新しい担任にならないとできない作業は別にして，**前年度のうちにできるものは整えておく方がよい**でしょう。そうすることで，年度はじめの事務処理が減ります。そのことは，授業の準備を丁寧に行う時間を生み出すことにつながります。きちんと準備をして，授業の中で子どもが活躍し，仲間と協力していければ，学力向上と共に，安定したクラスができ，学校は落ち着いた出発をすることができます。

前年度のうちに仮でつくってしまう

　児童名簿は，前年度のうちに仮でつくってしまうことをおすすめします。

　一般的に，３月から４月にかけて，大きな変化があるのは，きょうだい関係の学年が変わることです。逆に，３月から４月にかけて，保護者の勤務先が変わるという家庭はそう多くありません。

　ですから，わざわざ新年度になって児童調査票を提出してもらう必然性は高くありません。保護者にとっても，4月のはじめに記入して学校に提出する書類はいくつもありますので，1つでも減った方が喜ばれます。

　そして，児童調査票を提出した後で4月にかけて変更があった家庭のみ，知らせてもらうようにします。3月に入ると成績処理等で忙しさが増すので，1，2月に児童調査票を配付して記入してもらい，新年度開始までに現在の担任がデータの整理をしていけばよいのです。

 ## クラス替えも確実に

　現在の2〜5年は，上にあげた方法で作業を進めていくことができます。また，クラス替えがある学年については，児童調査票で得られた情報を入力した後，学級編成の結果に沿って，クラス替えをした名簿をつくることを忘れないようにします。

 ## 1年生は来入児係が作成する

　ときどき，来入児係のつくる名簿と，学校で使う児童名簿の項目が少し異なる学校があります。これだと，1年生の担任が新たにデータを追加しなければなりません。児童名簿の項目に沿って，来入児係が児童名簿をつくるようにすると，1年生の先生はとても助かります。

　これらの取組を行うことで，4月になって新たに入れるデータはとても少なくなります。

CHECK!

　電話番号や住所が載った児童名簿が4月1日の段階でほぼできていると，担任は学校が始まってから家庭と連絡を取りやすいですし，家庭訪問の下調べもしやすいです。

月暦は前月10日までに作成する

 月暦には正確さと幅広さが求められる

　毎月の予定を示す月暦は，教務主任の仕事の中でも責任と比重の大きいものです。月暦を見て，各学年で翌月の計画を立てたり，学年通信に予定を記載したりします。保護者も学年通信を見て翌月の見通しをもちます。したがって月暦が正確であることはとても大切です。また，教職員の出張の予定も記載します。これを見て校内の会合の計画を立てる場合もあります。学年行事や出張予定など，幅広く取材することが必要になります。

 月暦作成の３ステップ

　月暦はたった１枚のプリントですが，載せる情報量が多いため，きちんとつくるにはかなり時間がかかります。しかし，のんびりやっているわけにはいきません。遅くとも毎月15日までには出す必要があります。

　次のような３ステップがおすすめです。

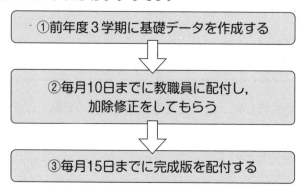

①前年度３学期に基礎データを作成する

②毎月10日までに教職員に配付し，
加除修正をしてもらう

③毎月15日までに完成版を配付する

まず，①についてです。前年度，年間行事予定表を作成するのと同時進行の形で月暦をつくっていきます。学校では，同じ行事をだいたい同じような時期に行っているので，基本的に日を少し変えるだけでできます。**この作業は単調ですが，時間がかかります。**現在，年間の月暦の基礎データがない学校は，長期休みなどのときを利用してつくっておくとよいでしょう。

次に②についてです。これは，加除修正用のデータを教職員に配る方法により，その後の仕事のスピードに影響が出ます。各学年に修正用の月暦を1枚ずつ配り，確認し，加除修正したら教務主任に提出という学校もありますが，様々な事情で提出が遅れる学年が出た場合，月暦の仕上がりが遅れる場合があります。したがって，印刷し，各自に1枚ずつ配付し，配付の2日後くらいに締切を設定することをおすすめします。そうすると，回覧方式に比べて情報伝達が速くなるので，出し遅れがなくなります。また，月暦を見て自分の翌月の出張予定等を確認するのは，5分もあればできることです。**すぐにできる仕事を依頼する場合，締切を無用に延ばすことはせず，迅速に対応してもらいます。**

③で大切にしたいことは正確性です。間違いがあり修正したものを新たに出すということはできる限り避けたいものです。

先生方にしてみれば，月暦や週暦，日報に記載されている情報は正確であるのが当たり前です。訂正版が出るたびに，教職員からの教務主任への信頼度は確実に低下していきます。反対に，ほとんど正確に仕事ができていると，信頼度は高まり，仕事の依頼についても，意味を感じて快く引き受けてもらえることが確実に増えます。

CHECK!

来年度自分が教務主任を外れることがわかっている3月には，新年度4月の月暦を丁寧につくります。いつも以上に間違いのないようにします。忙しい仕事を引き継ぐ先生への配慮です。

週暦は火曜日までに作成する

 ## 作業する日と作業時間を決めておく

　月暦は教務主任が作成し，週暦は教頭が作成するという分担になっている学校も多いと思います。教務主任が学級担任をしておらず，空き時間が一定程度あり，生徒指導や保護者への対応等，学級担任が行う業務から外れている場合には，月暦も週暦も教務主任が作成することがそれほど大きな負担にはなりません。しかし，教務主任が学級担任をしている場合には，週暦もつくるというのはかなりの負担になります。ただ，教務主任が学級担任を兼務しているか否かにかかわらず，事務処理の業務に関しては，迅速に，確実にこなす習慣をつくることが，業務への負担感の多少の軽減になり，別の仕事を少しの余裕をもって行うエネルギーにつながります。

　そこで，はじめに大事にしたいのが，**作業する日と作成するために要する時間の目安を決めておく**ことです。週暦は毎日コツコツつくっていく必要はありません。曜日を決めて作業すればよい仕事です。そう意識することで，頭の中に週暦を置く日と取り除く日を決め，意識にメリハリをつけます。また，はじめのうちにおおよそどのくらい時間がかかるかを測ってみて，「30分でつくる」など，作業時間の目安をつけます。そうすると，週暦を作成していたときに生徒指導の事案が飛び込んできて，調査や家庭訪問などの対応をした後に週暦を作成するようになっても，果てしない時間パソコンに向かうという絶望的な気持ちになることを避けることができます。

週暦作成の3ステップ

```
①月暦から週暦にデータを飛ばす
        ↓
②火曜日に教職員に配付し，
 翌日13時までに加除修正してもらう
        ↓
③水曜日の午後に完成版を配付する
```

　月暦同様，週暦作成も3ステップで行います。まず，①の段階として月暦から週暦のフォーマットに必要事項を飛ばせるようにします。それができていないとその都度月暦のデータをコピーして転記するようになります。パソコンの得意な先生にお願いしましょう。続いて②の段階ですが，これはタイミングがポイントです。月曜日に修正用の週暦を配付してもよいのですが，**1週間が始まったばかりの月曜日に次の週の予定を目にする先生方の中には，大きな負担感を覚える方もいます。**かといって，配付が遅れると仕上がりも遅れるので，火曜日に配付するのがベターです。そして，水曜日の午後に印刷し，配付という流れにします。できれば定時前に配付を済ませたいところです。週暦は学年の打ち合わせの資料になると共に，学年通信で行事予定を知らせる基になるので，金曜日に家庭配付する学年通信を書く当番になっている先生にとっては，早く情報をもらえるのはうれしいことです。

CHECK!

　週暦作成は学年や先生方の予定を知れる機会でもあります。週暦をつくることを，情報伝達のための作業と割り切るよりも，状況を知り，コミュニケーションを取る機会として活用しましょう。

第3章　学校をアクティブにする教務学年主任会

Chapter 3

円滑に学校を動かすための
共通理解を図る

 学校を安定させ，子どもを成長させる基幹

「運営会議」「企画委員会」など，学校によって呼び名は異なりますが，「教務学年主任会」とは，校長，教頭，教務主任，学年主任，生徒指導主事，保健主事，事務主事他，校務を推進するための責任のあるメンバーが集まって行う会議です。

これまでは，学年主任として，召集された会議に参加し，意見を述べ，学年への伝達事項をもち帰るという立場だったのが，これからは教務主任として，自分が実質的に会を招集し，会議を回していかなければならないという状況になっている方も多いかと思います。

まずは，教務学年主任会の大まかな役割です。

教務学年主任会の大まかな役割は，端的に言って，**円滑に学校を動かすための共通理解を図る**ことです。

校長，教頭，それぞれの学年で，大切にしたいことが異なっていたら，子どもたちに対する指導はバラバラになります。例えば，子どもの名前の呼び方1つとってみても，校長や教頭，低学年の先生は「〇〇さん」と呼び，そうすることが子どもの人権を尊重している姿を示すことだと考えていて実践しているとします。一方で，「人権を尊重することは名前の呼び方という形式的なこととは関係ない」と考える高学年の先生が，呼び捨てをしたり，ニックネームで呼んだり，同じ学級内でも子どもによって，ある子には「さん」づけ，ある子は呼び捨て，ある子は「ちゃん」づけをしていたらどうでしょうか。

　このような状態に，子どもは違和感を覚えるでしょう。保護者はどうでしょうか。参観日に学校に来られたとき，2年生の弟は「さん」づけされ，5年生の兄はニックネームで呼ばれているという状況に，学校としての指導の不統一を見抜くでしょう。

　こういった一つひとつのことで学校への信が問われます。学校としての考え方に基づいて教育活動が計画的に行われていることが，子どもや保護者の信頼感につながりますし，計画的な指導の積み重ねが実際に子どもたちの成長へとつながります。

　新年度当初，学校の方針を決めますが，時間が経つにつれ，様々な出来事が起きる中で，先生方の方向性にもずれが生じてくるのは当然です。**定期的に教務学年主任会を開くのは，学校としての歩みをそろえていくためにとても重要**です。

検討するのは2つのこと

　教務学年主任会で協議することの大きな柱は2つです。1つは，**子どもたちの生活を安定させ，よりよくしていくためにどうするか**です。もう1つは，**子どもたちの学力をどのようにしたらより高めていくことができるか**です。

　細かく内容を見ていくと，他にいくつも出てきます。それらを眺めてみると，市教委訪問への対応であるとか，行事への対応など，いわば「受け身」のことが多くあります。それよりもむしろ，現状の課題から子どもたちを伸ばしていくための方策を検討する「攻め」を大切にしたいものです。

CHECK!

　先を読み，結果の見通しをもって子どもたちを指導していくための戦略を検討する会議として教務学年主任会を位置づけることで，参加意識を高め，先生方の経験や知恵を積極的に生かしていくことができます。

企画に応じたメンバーで
質を高める

 成果を決めるメンバー構成

　行事等の企画をする際，係だけで考えて職員会議に出す場合と，教務学年主任会で検討してから出す場合では，どちらの方がより企画が通りやすいでしょうか。当然，教務学年主任会での検討を経てからの方が企画は通りやすいのですが，その理由は2つあります。

　1つは，**職員会議のときに教務学年主任会に参加している先生方が味方になってくれる**からです。一般に自分が参加した会議で立案されて通ったことには，参加者は主体性と責任をもちます。なぜなら，会議で検討する中で，参加者も企画者の一員となっていくからです。

　もう1つは，**企画の質が高まる**からです。係が立案した企画に対して，幅広い視点から検討することにより，企画の質は高まります。学校が1年間歩んでいく中で，月によって取り組む中心は変化していきます。その時々の企画の中心となる係を交えて教務学年主任会を行っていき，学校運営の核となるメンバーの協力を得ながら，企画の質を高めます。

 核となるメンバーは固定して

　一般に，教務学年主任会の核となる固定メンバーは，校長，教頭，教務主任，学年主任，生徒指導主事，保健主事，事務主事です。学校での指導の二本柱を学力向上と生活指導としたとき，ここに研究主任が加わることが望ましいでしょう。

企画に応じたメンバーで質を高める

　以上のメンバーに加え，その時々の企画の中心になる係の主任に参加して
もらいます。例えば，運動会等の大きな行事に関しては，係の主任から原案
の提案をしてもらい，目的や準備の計画から本番の運営までを検討します。
教務学年主任会は，１〜６年，特別支援学級，専科の主任が入っているので，
練習の計画など，係では見落としていた視点からの意見が出されることがあ
ります。このような検討を行っておくことで，様々な企画が子どもたちにと
って無理のないものとなります。

　ここで気をつけたいことが１つあります。それは，**係の提案に改善した方
がよい点があった場合，その修正案の立案を係任せにしない**ことです。提案
する係としては，係主任を中心に原案をつくり，教務学年主任会の前に係会
を開くなど，時間と手間をかけて準備しています。がんばって提案したもの
をただひっくり返されたのではたまりません。修正点については，教務学年
主任会の会議の中で代案を考えたうえで，係に再検討してもらうようにしま
す。また，何度も会議をするのは大きなストレスですから，係で再検討する
際には，教頭と教務主任も入り，そこで企画を固めます。

 ## 早めの企画を依頼する

　職員会議の前に教務学年主任会で提案してもらう流れをつくるためには，
該当の係に早めに周知しておくことが必要です。**できれば年間を見通して，
４月のうちに係に依頼しておくと，各係で計画的に準備することができます。**

CHECK!

　教務主任１年目のときには，「来年度はこの係には教務学年主任会で
原案の提案をしてもらおう」と見通しをもつことが大切です。そして，
２年目から実際に動いていくとよいでしょう。

生活目標を子どもに確実に下ろす

 生活目標は「飾り」ではない

　多くの学校では，子どもたちが落ち着き，友だちと仲良く過ごし，けじめをつけ，心豊かになっていくため，児童会の代議員会，あるいは生活委員会で生活目標を決め，生活目標を印刷した紙を全校に配付，周知します。

　せっかく周知した生活目標ですが，その目標達成を子ども一人ひとりが意識し，行動し，振り返っているという学校はどれくらいあるでしょうか。生活目標が単なる「飾り」になっているのはとてももったいないことです。その時々で子どもたちの生活にとって大切なことが生活目標に示されています。例えば，新年度スタート時であれば「自分からあいさつをしよう」，梅雨時であれば「廊下は歩こう」など，子どもたち同士，また子どもたちと先生方の良好なコミュニケーションにつながるものであったり，安全な学校生活につながるものであったりと，大事なことが生活目標では示されています。

　大事なことが示されているのに，全校児童の目標達成に向けた意識が低い一番の理由は，先生方の意識が低いからにほかなりません。言い換えれば，生活目標に対して，先生方がその価値を認識していないからです。児童会では生活目標は決めるけれど，達成に向けた具体的な方法は示さない，先生方の意識は低いでは，生活目標が「飾り」になるのは当然です。

 学年に応じた取組を

　生活目標が「飾り」になる一番の理由は，先生方の意識が低いことであると指摘しました。では，その意識を高めるにはどうしたらよいのでしょうか。

その答えの1つは，**教務学年主任会で生活目標を大切に扱う**ことです。生活目標達成のための意識を高め，行動を促す中心は学級担任です。児童会で子どもが呼びかけることは大切ですが，やはり，先生が児童会の担当委員と共に生活目標を大切にすることで，子どもたちは目標の大切さを意識して行動します。したがって，すべての学年の主任が集まっている教務学年主任会で生活目標が示され，それぞれの発達段階等に応じて，どのような取組をしていくのかを発表・検討することが，目標達成のための子どもの行動を促すのに効果的です。そして，取組の結果はどうだったのかを学年ごとに発表し振り返ることで，成果や課題を共有することができます。

 ## 係同士の連携を

　上にあげたことは教務学年主任会のメンバーの各学年での動きです。もう1つ，教務学年主任会の機能として，**係同士をつなげる**ことがあります。

　生活目標は，生活指導係の担当だったり，児童会の代表委員会や生活委員会の担当だったりします。生活目標について，生活指導係や児童会係にお任せになっている学校が多くありますが，係が連携していくことが目標達成には重要です。そこでまず，年度当初に生活指導係が原案をつくり，児童会係とも打ち合わせをして，目標案をつくります。そして，担当委員会で生活目標を決めていく際には，基本的には目標案に概ね倣う形にします。そして，先生方への取組の呼びかけは生活指導係，児童会を動かすのは担当係と手分けすることで，手立ての厚みが増していきます。

CHECK!

　生活目標のように，大事なことだけど日々の忙しさの中で埋もれそうになっていることを発掘し，全校体制で取組を始めるきっかけをつくるのも，教務主任だからこそできることです。

学力向上の取組は
全校で歩みをそろえる

 研究テーマは「飾り」ではない

　学校には教育目標があり，また，全校研究テーマがあります。「自らの願いをもち，友と高め合い，豊かに表現できる子の育成を目指して」といった美しい言葉が散りばめられた目標はとてもすてきですが，**実際に全教職員がその目標の達成を目指して校務にあたっているという学校は稀**でしょう。

　「研究授業は，全校研究テーマの具現化を目指してつくっている。だから，我々の学校は全校研究テーマの達成を目指している」という方もいるでしょう。しかし，本当にそうでしょうか。

　例えば，1人の授業者が指導案をつくり，授業を行い，研究協議会で授業の批評をするという学校が多くありますが，それでは全校の先生方の授業力向上にはつながらず，全校研究テーマの達成も難しいでしょう。

 計画的に子どもを伸ばす

　毎年6年生のみを対象にして行われる全国学力・学習状況調査（以下，全国学調）。また，各自治体独自の学力調査。これらの結果を基にして，対応策が立てられ，実行される学校は多くあります。

　しかし，例えば全国学調が実施されるのは4月で，正答率等の公表がなされるのは8月です。そこから対策を考えていくと，学校としての取組が固まり，各クラスでの取組が始まるのは10月，11月になります。

　また，自治体で行っている学力調査の結果から見られる傾向と，全国学調の結果から見られる傾向は，必ずしも一致しません。それぞれの調査から見

られる課題への対応を確実にしていこうとすると，「あれもこれも」ということになってしまいます。

　さらに，全校研究テーマ達成のための取組も重なってくると，取組は拡散的になり，結果として子どもの力は伸びません。

▼ 全校で歩みをそろえる

　学力向上への取組は，一部の先生方に負担が偏ることがある，取り組まなければならないことが拡散的になる，ということを述べました。

　改善するには，**すべての教職員が取り組むことを前提として，取組を絞る**ことが必要になります。

　そこで生かしたいのが，学年主任が勢ぞろいしている教務学年主任会です。研究主任からの提案を中心に，1か月力を入れて取り組みたいことを決めます。

　学年主任は，決まったことを自分の学年に持ち帰り，自分の学年での具体的な取組を検討し，実施します。学年会で，取組の成果と課題，課題への対応を報告，検討し合い，それを学年主任は次の教務学年主任会で報告する，という流れをつくります。

　もっとも，一番意識すべきは子ども自身なので，各教室に生活目標と共に「今月の学習のめあて」を配付，掲示し，担任の先生から子どもたちに意識づけていくようにします。

　このようなシステムを動かすことで，全校を巻き込み，計画的に学力向上のための取組を展開していくことができます。

CHECK!

　毎月の学習のめあては，1学期は「話を聞く」などの態度面のこと，2学期は「めあてを意識する」などの授業展開に関わることにすると，学習規律の定着と共に，教師の授業力向上も期待できます。

要項は1週間前までに
配付する

 早めに配って準備をしっかり

　教務学年主任会の要項は，会議開催の1週間前には配付しておきます。それは，担当の係や学年に準備を確実にしておいてほしいからです。

　なお，要項は会議に参加するメンバーだけではなく，全職員に配付します。ただでさえ，教務学年主任会というと，管理職や学年主任たちが集まって難しい話をしているという閉鎖的でマイナスな印象をもたれやすいものです。**少しでも多く情報提供を全職員に行うことにより，教務学年主任会の透明性を高めます。**

 各学年で準備

　教務学年主任会では，学年主任が学年を代表して報告するケースが多くあります。次ページに示した見本は，5月の会についてのものです。ここでは，大型連休に関しての報告を求めています。教務学年主任会前の学年会（学年での打ち合わせ）の前には要項を配付しておき，教務学年主任会で報告することについて学年会で検討してもらっておきます。

 各係で心づもりを

　見本では体育主任から運動会の原案を示してもらうようになっています。1週間で係会を開き，案をまとめるのはさすがに厳しいので，こういった場合は，年度当初に依頼しておきます。**要項に掲載することで，会議のどのタイミングで話してもらうかの見通しをもってもらいます。**

第2回教務学年主任会　要項

2024.5.8　教務　小林
16:00～16:55　会議室

1　校長先生のお話

2　教頭先生のお話

3　体育係より
・運動会の原案について

4　連休明けの子どもの様子と対応
・各学年主任から報告、協議

5　学力向上について

4月の学習のめあての振り返り	学習規律を身に付ける
5月の学習のめあての状況	話を聞く力を付ける
6月の学習のめあての重点	ノートをとる力を付ける

① 　4，5月に付いて…学年主任から成果と課題、現状の報告
② 　6月に付いて……研究主任から提案と検討

6　落ち着いた豊かな生活について

4月の生活のめあての振り返り	あいさつをしよう
5月の生活のめあての状況	くつをそろえよう
6月の生活のめあての重点	くん、さんをつけて呼び合おう

① 　4，5月に付いて…学年主任から成果と課題、現状の報告
② 　6月に付いて……生活指導主任から提案と検討

7　教頭先生のお話

8　校長先生のお話

CHECK!

　各学年で毎月報告していること以外のことを求める場合には，要項を配付するだけではなく，学年主任に口頭で依頼します。そうすることで，「うっかり」がなくなります。

月のはじめに会議を行う

 会議の実施日が取組の成否を握る

　会議を実施するタイミングは，取組が充実したものになるか，不完全燃焼に終わるかを分ける，重要なポイントです。

　例えば，5月の生活目標を決めるというとき，大型連休の影響で月の半ばになってしまったとしたら，目標達成を意識して子どもが取り組む期間は半月ほどしかありません。

　教務学年主任会を実施する日は，前年度に決めておくものですが，その際，**毎回の会議で協議する企画などを思い浮かべたうえで，どのタイミングで会議を実施することがよいのかを吟味することが必要**になります。

 月のはじめに行い，3つのことを大切にする

　基本的には，教務学年主任会は月のはじめに行います。曜日が決まっている学校も多いかと思います。毎月，職員会議のない水曜日に行うといったように曜日が決まっている方が，出張で欠けるメンバーがいなくなり，全員の確実な参加が見込まれます。

　教務学年主任会を月のはじめに行う大きな目的は，学年や係がその月に行う企画に取り組む期間を長くし，取組の充実を図るためです。

　学校で取り組むことのほとんどはクラス単位での活動となります。日常的にクラスでコツコツと取り組む期間を確実に確保して，クラスの実態に合わせながら活動していくことで，子どもたちの力となっていきます。

　そのため，教務学年主任会では，学年主任が発表する機会を多く取ること

がポイントになります。

そこで大切にしたいことが３つあります。

１つ目は，**前の月の振り返り**です。２つ目は，**今取り組んでいることの具体**です。３つ目は，**今後取り組むことへの見通し**です。

前項で示した要項の見本でも，教務学年主任会では，学力向上と生活指導が大きな柱です。これらのことについて提案するのは係ですが，実行するのは学級担任です。いくらすばらしい提案でも，やらなければ意味はありません。具体的な方策を立て，日常的に実践を重ねることでこそ，成果は少しずつ上がっていきます。

また，前月の振り返りと今月の目標の検討という２か月についてのことを扱うと，今月のことに関する取組が弱くなってしまいます。先月―今月―来月というように３か月を射程に入れて取り組むことで，今後のことに対する取組が充実していきます。

各学年主任には，３つのことについて各学級担任から報告をしてもらい，学年で協議したことを発表してもらいます。

長期休業の終わりに行う

教務学年主任会は，夏休みや冬休みの終わりにも行います。間もなく始まる新学期に向けた校長の方針を共有すること，各学年主任から新学期の学年経営の見通しを発表してもらうことなどを通して，学校全体として歩調をそろえて新学期が開始できるようにします。

CHECK!

学年主任から発表をすることは，お互いに取組の参考を得ることにつながります。他の学年の取組を参考にし合い，実践していくことで，子どもたちも一層伸びていきます。

会議の方向性を
校長，教頭と共有する

 教務主任が暴走しない

　教務主任がどれだけ価値の高いことを願っていても，学校全体としての取組につながらなければ意味はありません。

　例えば，前月―今月―翌月の3か月セットにした取組を示し，学年，また学級担任個々の力を生かすということを考えたり，大きな行事等について係の提案を基に学校全体として主体的に取り組むということを考えたりしても，「負担が大きすぎる」という声が上がってくるようであれば，成果が上がることは期待できません。

　どんな企画にしても同じですが，志を同じにする仲間が増えていくことにより，アイデアは実現の可能性が高まり，実行へとつながります。

　「学校をもっとよくしたい」「子どもたちをもっと笑顔にしたい」という熱い思いをもつことはとても大切ですが，そういうときこそ，1人ではなく，多くの人と共に歩むことが大切です。

 校長，教頭と方向をそろえる

　そこでまず大切なことは，校長，教頭と「方向をそろえる」ことです。つまり，三者が同じ方向を向くということです。

　これは，校長，教頭に「味方になってもらう」という意味ではありません。教務主任が「これがベスト！」と思っても，校長や教頭には別の考えがある場合が少なくありませんし，そちらの考えの方がよりよい場合も多々あります。

　肝心なことは，**自分の考えをもったときには，まず，校長や教頭と相談する**ことです。

　そうする中で，教務主任の考えで三者が一致する場合もあるでしょうし，それとは異なる形になる場合もあります。

　三者の向いている方向がそろっていることは，先生方にも影響が大きいです。「この件については，校長も教頭も教務主任も同じ考えなんだ」ということがわかると，先生方の多くは，迷いなく校務を進めていくことができます。

　反対に，三者三様になっていると，教務学年主任会での議論は収束していきません。そうなると，校長，教頭，教務主任に対する信頼感は失われていき，先生方の意識もバラバラになっていきます。

　教務学年主任会で協議されることについて，どのような方向で収束していくのか，校長の方針を基にしっかりと定めておくことが大切です。

次回の
教務学年主任会では…

CHECK!

　しっかりと打ち合わせしていても会議の中で校長から別の角度でのコメントがある場合があります。そういったときは組織全体のことを考え，落ち着いて，校長の考えに沿う形で会を進行することが大切です。

根回しをぬかりなく行う

 事前のリサーチとお願いで会議を迅速化する

　会議で議論を尽くさず，同意が得られない中で，生活目標であったり，学習のめあてであったりを決定していくと，先生方の取組はバラバラになってしまいます。

　一方で，会議は長ければよいというものでもありません。そこで，まずは教務学年主任会も50分以内では終了できるようにします。

　各学年の学年主任も会議に参加しています。会議が終わった後，同学年の先生のクラスで起きた生徒指導の問題の解決について対応しなければならないという場合など，後にやらなければならないことが控えていることもあります。

　また，時間外勤務の縮減が求められる中，教務学年主任会が勤務時間内に終わることにより，学校の基幹を担うメンバーが時間外勤務を縮減することへの意識をもっていることを先生方に示すことにもつながります。

　では，どのようにすれば会議の迅速化につながるでしょうか。

　大事なことは，**司会である教務主任が，会議に参加する先生方の考えをできる限り把握したうえで，事前に調整できるところは調整する**ということです。

 係の願いを聞く

　運動会の内容を変えようと思っている体育係，翌々月の生活目標をこだわりあるものにしたいと考えている生活指導主任…など，創造的な考えをもっ

ている先生方には寄り添い，できる限り，願いが実現できるよう後押ししたいものです。

　そのために必要なのは，**企画等を提案しようとしている係に，事前に考えをよく聞く**ことです。教務学年主任会の要項を配付するときに，「係の提案がありますが，どんな感じのことを考えていますか？」と尋ねてみると，係の考えを知ることができます。

　その考えを聞くと，これなら先生方の同意をすぐに得られるだろうというものもありますが，細かなところまでの考えが不足しているとか，発達段階に沿って考えてみると実現は難しいだろうといった懸念が浮かぶ場合もあります。そこで浮かんだ懸念について係に確認します。係で対策を考えていればそれでよいですし，考えていなければ一緒に考えます。

　そのようにして，多くの先生方の賛同が得られるような土台づくりをしておきます。

学年主任の考えを聞く

　係が立案した企画を実行するのは学年です。

　そこで，特に新しい企画等については，会議前に学年主任にどう思うか聞いてみます。すると，「いい考えですね」と言う方もいれば，「あまり賛成できません」と言う方もいるかもしれません。そういった場合には，どういう点が問題なのかを聞いたり，どうしたらよいかを聞いたりします。**そこで聞いた考えを起案した係に伝え，改善案を考えて教務学年主任会にかけます。**そこまで調整すると，論点が絞られた形での話し合いができます。

CHECK!

　会議の前に調整することは姑息なことではありません。短い会議の時間で少しでも焦点を絞って濃い議論をするためには，事前にクリアできることはしておくことが必要です。

協議の山場をつくる

協議と連絡とは異なる

　前項で述べた通り，事前調整しておけるところはしておき，会議は50分以内で済ませるようにします。

　しかし，時間内に終わらせることに意識が偏ると，教務学年主任会が「連絡会」になってしまいます。連絡会は，発表されたことに対して改めて検討を行う性質のものではありません。

　教務学年主任会は，連絡会の機能ももちますが，協議を行う機能ももちます。協議は，提案されたことに対して，それぞれの持ち場から見た考えを述べ合い，提案されたことを行うかどうかも含めて検討することを意味します。

　円滑に会議が進んだとしても，そこで提案されたことを実際に行ってみたら効果に乏しく，穴だらけだった…では，会議を行う意味がありません。

山場をつくることの意味

　そこで，**協議の中では山場をつくることが大切**になってきます。係の提案に対して，ここはもう少し話し合ってから決めた方がよいとか，ここに立ち止まることによって，全員が係の提案の重要さを認識した方がよい，というところで協議の時間を取ります。そうすることで，提案されたことがより全校児童や教職員にとって取り組みやすいものになったり，教職員の考えの方向性がまとまっていったりします。

どこで山場をつくるか

　そうなると，ではどこで山場をつくるか，ということになります。

　例えば，体育係が，運動会で昨年度に比べて今年度変更したい点について提案したとします。そういったときは，変更点についてのよさ，また，懸念されることについての意見を求めるでしょう。したがって，山場をつくるポイントの1つ目は，**「昨年度からの変更点」**ということになります。同様に，「昨年度までは行っていなかったけれど今年度行うこと」という**「新提案」**についてもポイントとなるでしょう。

　実は見落とされがちなのは，**「毎年行っていること」**です。例えば，「生活指導の重点として4月はあいさつに力を入れたい」と係が提案したとき，それはもっともだということで会議は流れていきます。しかし，具体的な方策，評価の方法といった細かなことは検討されないことが多いものです。このように，当たり前のことほど，課題が見えなくなっている場合があります。そこを見抜き，俎上にあげられるとよいでしょう。

CHECK!

　校長の願いも聞きながら，会議での山場を設定していけるとよいでしょう。その場合には，山場となる協議題を話し合う中で，校長が考えを述べる場をつくりましょう。

参加者全員の発言を引き出す

 ## 会議が終わってから井戸端会議は始まる

　授業参観後に行われる学級懇談会を終えた後の駐車場。2，3人で話し込んでいつまでも帰らない保護者の姿があちこちに見られる学級は，あまりよい状態とは言えません。そこで話されていることは，学級懇談会では面と向かって言えなかった担任の批判やうわさ話であることが多いからです。

　同様に，教務学年主任会が終わった後の校内。会議で通った係の提案に対して，職員室で学年の先生方に不満をもらす学年主任の姿。管理職の考え方に対して，保健室で養護教諭と批判をする専科主任の姿。

　1つの物事に対してよいと思う人もいれば，あまりよくないと思う人もいるのは健全です。しかし，会議の場で批判するのではなく，陰で批判するのは不健全です。

 ## 全員が発言することの意義

　上にあげたような状況に陥る要因の1つとして，思ったことが会議で言えないということがあります。

　係からの提案に対して，**自分では課題があると感じていたのだけれど，発言の機会を与えてもらえずに言えなかった，ということが重なると，会議への不満は大きくなっていきます。**

　また，そもそも会議で発言する意思がなかったということもあります。しかし，話し合いの場で他の先生方の意見を聞いているだけだと，知らず知らずのうちにストレスが溜まっていきます。自分の考えと比べながら他の人の

意見を聞いたり，他の人の意見を聞いて新たな自分の考えをもったりするので，話を聞いているだけだとストレスを感じるのは当たり前です。

　このような参加者のストレスを溜めないようにするためにも，参加者全員に，会議の中で一度は発言する機会を設けるとよいでしょう。

　全員が発言することには，さらに大切な意義があります。

　それは，協議の対象をより多面的に見られること，みんなで学校をよりよくする意識を共有できることです。

　会議の中では，よく発言する参加者がいます。その発言者は自分では学校全体のことを考えているつもりです。でも，本当に広く見えているかどうかはわかりません。例えば，5，6年の担任しかしたことがない6年の学年主任にとって，係からの提案が1年生の子どもたちにとって無理なくできるものかどうか判断することは難しいでしょう。

　教諭や講師の立場ではない事務主事からの考えも，教員の考えとは角度が異なる場合があり，とても貴重です。

全員発言の習慣化

　全員に発言してもらうためには，その意味とあわせて，年度はじめ1回目の教務学年主任会で参加する先生方にお願いします。そのうえで，第1回目の会議で実行します。

　そして，発言された内容についてはしっかりと受け止め，価値づけ，結果につなげていきます。

CHECK!

　取ってつけたような指名の仕方は失礼です。「係から提案されていることなどに対してどう考えているのか教えてもらい，よりよい結果につなげたい」という思いで敬意をもって指名することが大切です。

教務学年主任会だよりを出す

 おたよりを出すことの意味

　おたよりを出すことの意味は大きく3つあります。

　1つ目は，**先生方に安心感を覚えてもらう**ことです。教務学年主任会で話されていることに対して「密室で何やら難しいことを話しているのだろう」という印象をもつ先生は少なくありません。しかし，実際はまったくそうではありません。職員会議に提案することの詰めを行ったり，子どもたちの様子を把握したり，全校で意識をそろえていくことの確認をしたりしているだけなので，難しいことはありません。

　そこで，おたよりを出すことによって会議の内容を共有すれば，先生方は安心感を覚えます。

　2つ目は，**会議で話し合われたことの実行を促す**ことです。例えば，「全校で靴そろえに取り組もう」ということを決めても，学年主任が学年会で担任の先生方にそのことを伝えるのをうっかりして忘れてしまう，といった場合があります。おたよりでそういったことを防ぎ，話し合われたことを周知することによって，全員がどんなことに力を入れて取り組むかを共有することができます。

　3つ目は，**他の学年の取組に刺激を受けてもらう**ことです。生活目標や学習のめあてといったことに対する各学年の取組を紹介することで，他の学年が行っていることが参考になります。また，がんばっている学年の取組に触れることで，「自分たちの学年もしっかり取り組もう」という，よい刺激になります。

○○市立□□小学校　教務学年主任会だより

礎

No. 2　2024. 5. 9

みんなで靴を揃えよう！

ゴールデンウイークが終わり、1学期の活動も本格化してきました。今月の生活目標は、「くつをそろえよう」です。各学年の取り組みを紹介します。参考にしていきましょう。

1学年	2学年	3学年
毎日、朝の会の前にみんなで下駄箱の様子を確認しに行き、乱れている人は直す。	担任が朝の会の前に下駄箱の様子を確認し、整っている人を朝の会でほめる。	朝の会の前に班長が下駄箱の靴の様子を見に行き、乱れている人に声がけする。
4学年	5学年	6学年
放課後担任が下駄箱の様子を確認し、翌日の朝の会で整っていた人をほめる。	朝の会で当番から「靴をちゃんと揃えましたか」と声をかける。	下駄箱係が靴揃えの様子を点検して、整っている人を朝の会で発表する。

聞く子は伸びる子、優しい子

5月の学習のめあては「話を聞く」です。2年生の授業では、発言の途中で手を挙げたり、口をはさんだりすることなくしっかり聞くことを大切にした結果、クラスが落ち着いてきたという報告がありました。最後までしっかりと聞いている姿を価値付け、聞き上手な学校を目指しましょう。

運動会に向けて

体育係から10月の運動会の基本計画が示されました。目標を達成しつつ、種目を減らし、練習の時間数を減らす方向になりました。各学年会で削れるもの、削れないものについて話し合ってください。6月の教務学年主任会で再検討します。

校長先生から

話を静かに聞く子を育てるためには、先生が子どもの発言を最後まで目を合わせながら聞くことが大切ですね。

教頭先生から

靴を揃えることは落ち着いた心の表れです。靴を綺麗にそろえている子を見かけたら、どんどん褒めたいです。

連休明け、一週間きついですが、無理せずに乗り切りましょう！

CHECK!

情報伝達は，早ければ早いほど効果があります。教務学年主任会が終わったらその日のうちにおたよりをつくり，翌日の朝には先生方の手元に渡るようにしましょう。

第4章　教務学年主任会の各月の話題

Chapter 4

毎月の重点を決める

 毎月の重点の決め方

　教務学年主任会で最も重視したいことは，「生活のめあて」「学習のめあて」を立案し，達成に向けた取り組み状況を報告し合い，振り返りをして成果と課題を今後に生かすことです。

　通知表の検討や，学校評価アンケートの分析など，他にもやることはいろいろとあるのですが，学校の幹となる教職員が集まり検討し，広げることを通して，直接子どもたちの成長につながっていくことといえば，地味なことではありますが，上記2点が最も大切な取組になります。

　毎月のめあては前年度のうちに，生活のめあてであれば生活指導係と児童会主任が，学習のめあてであれば研究主任が原案を立てます。ここで大切なのは「巻き込む」ことです。**係主任や研究主任が独断で決めていくのではなく，係会を開いてもらい，各係の先生方からの考えを集約した形で一次案をつくってもらいます。**ねらいは，学校での取組に対して受け身になるのではなく，自分たちが考えたという主体性をもってもらうことです。係会で検討したものについては，係主任と教務主任が相談して二次案をつくり，さらに，管理職と検討をします。そうやってできた原案を基にして毎月の目標を示していきます。このようにすることで，多くの人の考えが集まった内容となるので，先生方に納得して動いてもらえるめあてになります。また，関わった人が多ければ，それだけ責任をもち，実行する気持ちになります。

　ただし，原案を決めても，学校の状況により変更する場合もあります。柔軟に考えていくことが必要です。

	学習のめあて	生活のめあて
4	学習規律を身につける	あいさつをする
5	話を聞く力をつける	靴をそろえる
6	ノートをとる力をつける	くん、さんをつけて呼び合う
7	家庭学習を確実に行う	ろうかを静かに歩く
9	学習の目標をもつ	靴をそろえる
10	課題解決のための見方・考え方を意識する	時間を守る
11	友だちと協力して問題を解く	友だちに温かい言葉を使う
12	学習のまとめを確実にする	そうじをがんばる
1	学習の振り返りを行う	靴をそろえる
2	発表する力を発揮する	いろんな学年と仲良くなる
3	1年間で足りない力を伸ばす	1年間で足りない力を伸ばす

CHECK!

　上の例は1か月ごとにめあてを変えていくパターンです。学校の状況により2か月ごとに目標を変えていく場合もあります。上の例のように，必要に応じて同じ目標を繰り返し設定することも効果的です。

4月
願いの共有

 ## 1年間を見通し，会議の内容を組み立てる

　教務主任が要となり，学校をつくっていく中心が教務学年主任会です。

　とはいえ，教務主任自身が様々な提案をしていくということではありません。むしろその逆です。校内の様々な活動は，担当の係の提案に基づいて行われていきます。したがって，教務主任は担当する係の先生方と連携して，係の先生方に意欲をもって活躍してもらい，輝いてもらうことが大切です。また，各係の先生方の中には，「こんな子どもたちを育てたい！」という熱い思いをもっている方もいます。そういった思いをもっている先生方を見つけて，その先生の願いを実現していく支えになることも大切です。他の先生に動いてもらい，それを支えるという場合，主になる先生の準備が必要になります。気持ちの準備であったり，事務的なことの準備であったりとある程度の時間を必要とします。そこで，**教務学年主任会の毎回の中心となる協議題は4月のはじめに先生方と共有しておくことが必要**になります。また，担当の係の先生の準備という視点以外でも，教務学年主任会の年間計画をつくることは，学校が1年間安定し，子どもが育っていくためにも必要です。

先手を打つことで質は高まり，安定する

　1年間の見通しをはじめにもっておくことが，落ち着きと育ちにつながる理由は，**「先手を打つことの効果」**が期待できるからです。子どもたちの気持ちや活動は，1年間の中でおおよそ似た傾向で動いていきます。例えば，クラスに慣れてきた6月は落ち着かなくなる，といったことです。そのため，

ある程度の先を見通してあらかじめ対策を打っていくことで，様々な課題を未然に防ぎ，その分，より質の高い教育を提供することができます。

4月は願いを出し合い，共有する

では，4月に大切にしたいことは何でしょうか。

それは，**願いの共有**です。4月は，新任の先生方を迎え，気持ちのよい緊張状態はありますが，お互いの向いている方向はまだ見えていません。したがって，新年度第1回目の教務学年主任会では，校長の願いを語っていただき，学校の目指す姿を共有します。あわせて教頭の願いも語っていただいたうえで，教務主任の願いを語ります。さらに，学年主任をはじめ，参加者全員からそれぞれの立場でどのような学校を目指したいのかを語ってもらいます。こうすることで，お互いがわかり合い，補い合い，進んでいく土台ができます。この他，研究主任，生徒指導主任から4，5月の学力，生活の重点の提案を発表してもらい，その取組の具体を学年主任から話してもらいます。研究主任，生徒指導主任とは前年度内に打ち合わせをしておきます。

4月の主な内容メモ

校長・教頭の願い，学校の目指す姿の共有，教務主任の願い，学年主任の願い，4，5月の学力，生活の重点の提案　学年主任から指導の具体の発表，学校目標の理解，新任職員への温かな関わり，連休明けの欠席を防ぐ対応

CHECK!

4月の教務学年主任会では，大型連休の後，欠席者が多くならないようにするにはどうすべきかに関する具体的な方策も話し合い，各クラスで実行します。これが，「先手を打つ」ということです。

5月
6月の荒れへの備え

6月の荒れの伏線は5月に

　忙しい4月を終え，大型連休を超えると，もう5月は半ばに差しかかろうとしています。クラス替えをして新しい仲間との生活が始まった子どもたちは，少しずつ仲間との関係ができてきます。また，担任の先生との信頼関係もできてきます。しかし，まだ子どもたちの多くは遠慮があったり，様子を見たりしていることが多いものです。担任の先生にも，自分のわがままな部分は見せず，よいところだけを見せ，認めてもらおうとする傾向があります。

　このように，お互いを尊重し合い，担任にも節度のある態度を取り，言葉づかいもよい子どもたちの姿を見て油断していると，6月に入って痛い目を見ます。子ども同士のトラブルが頻発するようになるのです。担任に，「あの子に悪口を言われた」など，苦情を言う子が増えてきます。クラスの人間関係がギスギスしてきて，結果，登校を渋る子が出てきてしまいます。

　こうならないクラスも多くありますが，6月に入ると，順調だったクラスに波風が立ち，時には嵐に発展するのはよくあることです。校内に，そういった状況になるクラスが複数現れると，学校全体が落ち着かなくなってきます。**こうならないように，5月の教務学年主任会の段階で協議し，さらによより子どもたちが伸びていけるような方策を5月から実行します。**

気持ちを整えることを大切に

　4月の進級や入学による華やいだ気分，5月の連休の後の緩んだ気分，このような状態から脱出し，学習に向かう心の姿勢をつくることを大切にしま

す。その１つが，「靴をそろえる」ことです。

　下駄箱の靴をそろえることで，子どもの気持ちが整うのか，疑問に思う方もいるでしょう。しかし，下駄箱に行って子どもの靴を見てみると，靴をそろえることで気持ちが整うことが実感としてわかると思います。つい友だちを不快にさせる言葉を言ってしまったりするような思慮深さが欠けた子や，授業中落ち着きがなかったりする子の多くは，靴が整然と並んでいません。かかとが踏みつぶされたままの状態の靴もあります。反対に，トラブルを発生させることが少ない子の多くは，靴が整っています。わずか0.何秒ですが，ひと手間かけて見直すことは大切です。

 ## 人を大切にする態度を大切に

　授業中大切なのは，話を最後まで聞くことです。最後まで聞くことは，話している相手を大切にすることにつながります。また，よく聞くことで，学習内容への理解が促されます。

> ### ５月の主な内容メモ
> ４月の反省と５月の取組の具体を学年主任から，６月の学力，生活の重点の提案を係から，各クラスの様子の報告を学年主任から，連休明けの欠席状況と対応，６月の荒れ予防のためのアイデアの検討，通知表の検討，運動会の原案の検討（体育係），梅雨時にできる室内遊びの提案（体育係）

CHECK!

　１学期に１年間の生活や学習のベースをつくると，２学期以降，落ち着いて学習に前向きに臨むクラスになります。全校でコツコツと取り組むべきことこそ，教務学年主任会での協議と発信が重要です。

6月
6月の状況報告と7月への提案

 ## 6月の状況を共有する

　6月になると，教務学年主任会の話題も落ち着いてきます。特に問題がなく，会議がスムーズに進んだら，終了予定時刻よりも早く終えるのもよいでしょう。しかし，生活指導面で見ると，1学期で最も気をつけなければならない時期ですから，小さな荒れが生じていたり，登校渋りが始まっていたり，といったことがあちこちのクラスで起きても不思議ではありません。

　そこで，もし6月の教務学年主任会を開催する時点で，生活指導の課題が生じているようであれば，対応策についてじっくりと検討するとよいでしょう。小さなことのようであっても，対応策を検討することは大切です。**小さなトラブルは，突発的に起きるように感じますが，それなりの原因が積み重なって起きている場合も往々にしてあります。**小さなトラブルの段階で対策を打つことで，クラスでの生活指導上の課題が解消し，クラスや学年が落ち着いていくことが望ましいです。

　また，教務学年主任会を開催するのが当該月の上旬という場合，小さな荒れを見逃していると月末には大きな荒れになっている場合もあります。

　学年主任の先生には，ちょっとしたことだと感じることでもよいので，各学年で起きている問題があれば，遠慮なく報告するようお願いします。

 ## 対応策を考えるために

　ある学年のクラスで，6月に入り，仲間外れが起き始めたという報告がされたとします。当該の学年主任の先生からは，休み時間にできるだけ担任の

先生方は自分のクラスの子どもたちの様子を見るといった対策もあわせて出されました。こういったとき，**教務学年主任会に参加されている先生方からもう少し情報提供をしてもらうよう働きかけます。**同じフロアを使っている学年の主任の先生に，当該のクラスの子どもたちの様子を聞いたり，養護教諭に，保健室に来る当該のクラスの子どもたちの様子を聞いたりして，子どもたちの姿を共有していきます。前に当該のクラスの，特に仲間外れにされている子や仲間外れをしている子を担任したことがある先生が教務学年主任会のメンバーにいたら，前年度等のその子たちの様子を話してもらってもよいでしょう。生活指導の事案が出されたとき，教務学年主任会に参加している先生方に意見を求めても，すぐには発言が出てきません。それは真剣に受け止めていることの表れなのですが，上にあげたように，司会をする教務主任がそれぞれの先生を指名し，情報提供を呼びかけていくことで，広く情報が集まり，多くの先生方が発言していく空気になります。**生活指導の課題が生じ，悩んでいる学年の先生が孤立したり，責められたりするのではなく，多くの参加者の知恵を集めて対応を見つけていくことが大切**です。

6月の主な内容メモ
5月の反省と6月の取組の具体を学年主任から，7月の学力，生活の重点の提案を係から，各クラスの様子の報告を学年主任から，運動会の原案の検討②（体育係），夏休みの課題の方向性

CHECK!

　問題を抱えて悩んでいる学年主任の先生に，だれよりも教務主任が寄り添う態度が大切です。そうすることで，他の先生方も，自分事として考えてくれるようになります。先頭に立って責めることは厳禁です。

7月
3つの見通しの共有

 落ち着いて学期末を迎える

　7月の教務学年主任会は，学期末，夏休み，夏休み明けの3つについての指導の見通しをもつ会です。

　まず，学期末についてです。夏休みが見えてくると，子どもたちはご機嫌になります。そういった子どもたちの行動は2つの傾向をもちます。1つは，はしゃいで落ち着きがなくなるパターンです。もう1つは，素直になるパターンです。機嫌のよい状態のときは，素直に先生からの指導を受け入れやすいです。学校の雰囲気が，何となくうわついて，はしゃいでいるという状態になるのではなく，落ち着いた雰囲気になっている状態にしたいところです。そのために，**7月の生活のめあては「ろうかを静かに歩く」といった，自己抑制を求めるもの**にします。子どもは，はしゃいでいるときは廊下を走り，ぶつかってけがをしたり，他のクラスの迷惑になったりします。廊下を静かに歩くという，はしゃいでいる気持ちをコントロールするためのダイレクトな行動目標を設定することで，落ち着きが生まれるようにします。当然のことですが，行動の目的を示すと共に，適切な行動が取れていたら称賛します。**走っている子を見かけたらどんどん注意するよりも，静かに歩くことの価値を子どもに理解させたうえで，適切な行動をしている子の姿を価値づける方が成果は上がります。**問題行動が見られたら対応するより，問題行動を予測し，それが起こらないように先手を打つのです。もう1つ，廊下歩行の指導のために大切なことがあります。それは，**先生方が授業の開始と終了の時間を守り，子どもに余裕をもたせる**ことです。チャイムが鳴っても授業が終わ

らないと，休み時間がその分減ります。子どもは少しでも長く遊びたいため，廊下を走って体育館や校庭に行きます。子どもが廊下を走る原因をつくっているのが教師である場合があることも注意したいところです。

 学校の勉強を夏休みにつなげる

　この見出しは２つの意味をもちます。１つは，**学校の学習習慣を夏休みに継続させる**ことです。もう１つは，**１学期の学習内容を夏休みに発展させる**ことです。学習習慣を夏休みに継続させるためには，７月の学習のめあてを「家庭学習を確実に行う」といった内容にするとよいでしょう。また，夏休みの自由研究は探究的な学びを促すために最適です。７月のひと月をかけて総合的な学習の時間などを使い，研究計画をつくるのもよいでしょう。

 ２学期のスタートを円滑に

　２学期始業式。クラス全員がそろうためにどうしたらよいのかを検討し，各クラスで実践していきます。会議での協議の山場はここにします。

７月の主な内容メモ
　６月の反省と７月の取組の具体を学年主任から，８，９月の学力，生活の重点の提案を係から，各クラスの様子の報告を学年主任から，夏休み前に落ち着いた生活を送るために，学校の勉強を夏休みの学習につなげるために，２学期のスタートが円滑にできるために

CHECK!

　「学期末」というと，よい終わり方をすることのみに目が行きがちですが，同時に，その後の長期休業や，次の学期のことも大切にすることで，先手を打った指導が行えます。

8月
1学期の振り返りと2学期の展望

 振り返りと手立ての見通しを

　8月の教務学年主任会は，月はじめではなく，夏休みの最終盤に行います。教務学年主任会で2学期の方向性について検討した後，学年会を開き，学年内で共有していきます。今回の教務学年主任会の協議は2つの柱があります。1つは，**1学期の振り返りと2学期の見通し**です。もう1つは，**2学期のスタートを円滑に行うこと**です。

　まず，1学期の振り返りと2学期の見通しです。はじめに校長から1学期の振り返りと2学期の学習・生活に関する願いを話していただきます。ここで話される学習・生活に関する願いが校内の諸活動を行っていくうえで共通に踏まえることになります。続いて，生活指導主任，研究主任から1学期の振り返りと2学期の見通しを話してもらいます。毎月の目標をどのように考えているのかを話してもらい，その後，参加者と検討する時間を取ります。そして各学年主任から1学期の振り返りと2学期の学年経営の見通しを話してもらいます。ここで注意したいことは，漠然としたものにしないことです。例えば，2学期の学習の見通しとして「子どもが授業中にたくさん発言できるような授業をしたい」では，何をどうするのかが見えません。結果としての子どもの状態を話しているだけだからです。反対に教師側の行為として「個人追究の際に自分の考えをノートに書く時間を取り，全員が意見をもつ状態をつくる」とすると，指導の具体が見えます。**結果としての子どもの状態を語ると共に，そのためにどのような手立てを打っていくのかを具体的に述べてもらうよう，教務学年主任会の要項を配付するときに伝えておきます。**

２学期のスタートを円滑に行うために

　まもなく２学期が始まる状況での教務学年主任会で大切にしたいもう１つのことは，２学期のスタートを円滑に行うことです。これは２つに分けられます。１つは**登校しぶりの傾向がある子どもへの対応**です。７月の教務学年主任会で協議した際，心配な子には夏休み中に連絡を複数回取るといったことを述べた学年には，連絡を取った際の状況報告をしてもらいます。そのうえで，例えば，電話連絡や家庭訪問をして子どもが不安なく来られるような対応を用意すると共に，必要に応じて迎えに行く，休んだ際には午後家庭訪問するといったことも打ち合わせておきます。もう１つは**学級事務**です。夏休み明け，子どもたちの提出物はたくさんあります。それらをスムーズに提出させ，必要に応じて評価をし，返却できるよう打ち合わせをしてほしいと学年主任の先生方に伝えます。夏休みの提出物への対応をスマートに行うと２学期の活動にスムーズに入ることができます。そうすると，子どもの夏休み気分からの切り替えもメリハリよくできます。

８月の主な内容メモ
　２学期の学習・生活に関する願いを校長から，７月の反省と８月の取組の具体を学年主任から，９月の学力，生活の重点の提案を係から，１学期の振り返りと２学期の見通しを各学年・係から，学年内で崩れてきているクラスへの対応策

CHECK!

　８月の教務学年主任会では，２学期を見渡したマクロな視点で語り合うことと共に，２学期始業式の日がメリハリのある１日となるようミクロの視点で知恵を出し合うことが大切です。

9月
落ち着いたスタートとストレスへの対応

 目標をもつことで主体性を促す

　近年，それまで9月に運動会を行っていたけれど，暑さへの対応や，2学期始まってすぐの集団行動に対する子どものストレスへの対応のため，運動会を10月に実施したり，5月に実施したりするというように，運動会の実施時期は変わってきています。しかし，9月の下旬に運動会を行っている学校も多くあります。ここでは，9月に運動会を実施していることを想定し，教務学年主任会で大切にしたいことを述べます。

　9月に入り，運動会に向けての練習が始まると，教師からの指示により子どもが動いていくことが多くなります。運動会で発表することの目的意識を丁寧にもたせ，種目の意味を共通理解させ，毎回の授業ではそれぞれの子どもが自らめあてをもち，自分なりに工夫してめあてを達成する，というように運動会に向けた練習を行うことができれば，子どもたちは主体的に取り組むでしょう。しかし，短期間で仕上げて披露するということが教師の意識に強くあると，どうしても「子どもを動かす」という状態になりがちですし，仕方がないことでもあるでしょう。

　運動会の練習は，上にあげたような状況であればこそ，他の教科の授業では，本時のめあてを板書し，子どもが目標をもって授業に参加する状態をつくることが大切です。

　1時間の授業で明確なめあてを示すことは，授業者にとっては，本時をしっかりと構想することにつながりますし，何より子どもにとっては，ゴールがはっきりするので，受け身の姿勢ではなく，自分から学習に取り組もうと

いう気持ちをもつことにつながります。行事のあるときだからこそ，また，本格的に学習を充実させていきたい2学期のはじめだからこそ，**めあてを板書するといったことを研究主任から促してもらえるとよいでしょう。**

ストレスを発見し，早期対応

運動会の練習でストレスを強く感じる子は多くいます。しかし，保護者が見に来てくれる晴れ舞台で力を発揮できるようにと思い，がんばります。子どもが感じた強いストレスは11月ごろに問題行動となって現れてくるのですが，ともあれ，子どもが感じているストレスを早く発見し，対応することが必要です。ストレスを受け，気持ちが落ち着かなくなっている子を発見する方法としては，顔色，目つきなど様々にありますが，**下駄箱の靴の状態にも現れてきます。**そこで，5月と同様に9月の生活のめあても「靴をそろえる」にします。靴をそろえることを意識することで落ち着いた気持ちになる子もいるでしょうし，目標になっているにもかかわらず靴が乱れている子もいるでしょう。各学級の担任の先生方には子どもたちの下駄箱での靴から，その子の今の心の状態を見取ってもらい，おかしいと感じたら，よく観察し，声をかけてもらうよう，学年主任の先生方に伝えます。

9月の主な内容メモ
8月の反省と9月の取組の具体を学年主任から，10月の学力，生活の重点の提案を係から，学年の足並みをそろえる

CHECK!

養護教諭が保健主事でない場合には，6月，9月，11月といった子どもの心のケアが特に必要な時期だけ教務学年主任会に参加して協議に加わってもらうと，より全校で課題への対応や未然防止ができます。

10月
課題解決の方略の検討と荒れへの備え

 「見方・考え方」の共有を

　学力向上を1年間かけて計画的に足並みをそろえて進めていくためには，1学期に，姿勢や話を最後まで聞くことなどの基盤をつくったうえで，2学期から本格的に授業デザインを共有していくとよいでしょう。

　9月には，学習のめあてを板書するということにみんなで取り組むようにしました。

　10月は，学力向上のための核となる「見方・考え方」を授業の中で子どもたちに指導していきます。

　学習のめあてと共に，めあて達成のための思考方略としての「見方・考え方」を設定することについては，その取組が進んでいる学校と，立ち遅れている学校があります。「見方・考え方」は，クラス全員がめあてを達成するための手がかりです。また，本時の課題と似た課題を解決していくために使うことのできる「武器」です。**「深い学び」とは，大まかに言えば「見方・考え方」を働かせて課題を解決していくこと**を指します。

　10月を「見方・考え方」を大事にする月間として，研究主任，または各教科主任から，各教科で働かせる「見方・考え方」の具体を紹介してもらったり，授業で効果的だった「見方・考え方」やその共有の仕方を学年主任から報告してもらったり，「見方・考え方」を明示した授業での効果を話してもらったりして，「見方・考え方」を働かせて，育てる授業について検討します。

荒れへの備えと中だるみへの対応を

運動会が９月にある場合，運動会実施後，10月上旬にかけ，子どもは多少中だるみする傾向があります。その原因は，子どもというよりも教師側にあります。運動会は一大行事なので，終わったら気が抜けるのも当然です。しかし，授業準備にしても，次に子どもに意識させるめあてにしても，遅れていけば，あるいは雑になれば，緊張感はなくなり，子どもはどんどん中だるみしていきます。子どもを成長させるために行った運動会ですから，その成果の上に運動会後の子どもたちの姿を描きたいものです。**中だるみへの対応としては，授業準備や学級事務などの教師の仕事を遅らせたり，手抜きしたりしないことが一番**です。

中だるみは11月の荒れへとつながります。運動会では我慢していたストレスが11月に爆発します。子ども同士の雰囲気が悪くなる，担任の言うことを聞かなくなる，といったことが重なり，クラスが崩れていきます。こうならないためにどう備えるのか，もし崩れ始めたらどうするか，崩れてしまったらどうするかといった３段階程度で具体的な方策を検討しておきます。

> 10月の主な内容メモ
> ９月の反省と10月の取組の具体を学年主任から，11月の学力，生活の重点の提案を係から，課題解決のための見方・考え方の共通理解，中だるみにならないような取組の検討，11月の荒れを予防する手立て，学校評価アンケートの項目検討

CHECK!

子どもは，目の前に目標があると前向きにがんばります。各学年に応じ，無理のない程度のめあてをもたせることを大切にしましょう。

11月
学級の荒れへの対応策と来年度への準備

 「荒れている」とはどういうことか

　学級が「荒れている」という状況に陥りやすいのが11月です。

　子ども同士のけんかがあったり，いじめが起きたり，担任に対して子どもから暴言があったり…という状況は，「荒れている」状況の典型です。ひと言でいうと，相手を大切にしていない状態が「荒れている」状態と言えます。

 学習と生活で協働性を

　11月は，相手を大切にしていない，「荒れている」状態に陥りがちです。したがって，相手を大切にする状態にすることによって，荒れに陥らずに済んだり，「荒れている」状態から脱出したりすることができます。

　日々の授業づくりについては，研究主任から「友だちと協力して問題を解決する」ということを提案してもらいます。他の子どもと協力することによって課題を解決する体験を繰り返し，改めて友だちのよさを感じることによって，相手を大切にする気持ちが育ちます。

　授業での振り返りの観点として，11月は「友だちの学びで参考になったこと」といったことを設定することで，クラス内の子ども同士がよさを見合うようになります。

　生活面では，友だちに温かな言葉を使うことを意識させていきます。言葉は，人の心を温めてくれもしますが，刃物のような凶器にもなります。学年の発達段階に応じて，温かな言葉を使うことの大切さを認識させたうえで，お互いに温かな言葉を交わしていけるよう，学校全体で指導していきます。

また，この機会に，**日頃他の子どもに対してきつい言葉を発したり，乱暴を働いたりする，よさを認められにくい子どもが，授業中や係活動で活躍するなど，他の子どもからよさを認めてもらう場面を意図的につくる**のもよいです。

 ## 来年度に向けた動きを

　まず，この時期から来年度の年間行事予定表の作成に取りかかるとよいでしょう。年間行事予定表に入れておいた方がよい行事の検討は，このくらいの時期から始めると，無理なくきちんと審議して入れることができます。また，校務に関する反省のアンケート内容や，集め方，反省から来年度に向けた係会，係が検討したことを発表する職員会議のスケジュールについても，この時期には共有しておきます。まずアンケートを取り，その内容を受けて反省と来年度に向けた改善点を係会で行い，職員会議で発表していくので，結構な日数を要します。**先生方を慌てさせないように，日程にゆとりをもたせましょう。**

11月の主な内容メモ

10月の反省と11月の取組の具体を学年主任から，12月の学力，生活の重点の提案を係から，協働的な学びの場面の提案，各学級の状態の報告と対策の検討，次年度教育計画作成の見通し，校務の振り返りの内容・形式・スケジュールの検討

CHECK!

　11月は人間関係での課題に直面することが多くあります。課題は，一方で成長への学びにつながります。友だちといることはストレスもあるけれど，よさもたくさんあることに気づかせていきましょう。

12月
丁寧なまとめと円滑なスタートの準備

 長い２学期のまとめを丁寧に

　１年間で最も登校日数が多い学期が２学期です。たくさんのことを学んできています。確実に振り返りを行っていくことにより定着は図られていきますが，たくさんのことを学んできている分，やりっ放しだと定着率は下がります。学校では，12月になると「２学期のまとめをしましょう」という流れになります。ここで大切なのは，**何をどうするのかを具体化し，計画的に進めていくこと**です。担任の先生から「毎日の家庭学習で，少しずつ２学期で勉強したことのまとめをしていきましょう」と呼びかけるだけでは，効果はあまり期待できません。やっていく子が少数，やらない子が多数となるでしょう。このようにかけ声倒れになるのが最ももったいないことです。

　そこで12月の教務学年主任会では，各学年主任から，学年の発達段階やクラスの実情に応じて，２学期のまとめをどのようにしているのか，まだ取りかかっていないのであれば，どのようにするつもりなのかを話してもらいます。ある程度具体的に話してもらうことが必要ですから，11月の教務学年主任会で，「12月の教務学年主任会で２学期のまとめについて内容と方法を話してほしい」と研究主任から各学年主任の先生に伝えてもらい，準備をしておいてもらうとよいでしょう。

 新年を気持ちよく迎える

　あとわずかで新年を迎えます。学習のまとめを確実に行っておくことも新年を気持ちよく迎えることにつながりますが，身の回りの整備をすることも

新年を気持ちよく迎えることにつながります。また，教室をきれいにしたり，自分のロッカーの中や机の中を整えたりすることは，落ち着いた気持ちになることにつながります。12月は，多くの子どもにとって，ただでさえ学期末ではしゃいだ気持ちになるのと共に，クリスマス等年中行事も重なり，一層浮足立ってしまう時期です。発達段階に応じ，目的をもたせ，計画的に子どもたちの手で校内の整備を進めさせていくことで，地に足の着いた状態で年末を迎えられるようにします。

 ## 研究テーマを考える

多くの学校では今年度の研究授業は終わっているでしょう。全国学調の分析も済んでいるでしょう。各学級の子どもの様子も含め，今年度の授業改善の成果と課題は明らかにできる状況です。そこで，**研究主任から，全校研究テーマ作成計画を示してもらいます。**ここから成果，課題を分析して，ある程度時間をかけてテーマをみんなで考えていくことで，共通の課題意識と見通しに基づいた研究テーマをつくることができます。

12月の主な内容メモ
11月の反省と12月の取組の具体を学年主任から，１月の学力，生活の重点の提案を係から，各学年・係から２学期の振り返りと３学期の見通し，崩れてきているクラスへの支援策，来年度の研究テーマ作成計画の検討

CHECK!

学習のまとめは，例えば「12月10日過ぎから，算数の授業のはじめの５分は，２学期に学習したことを９月から順に練習問題で振り返る」といった具体的なモデルを示すと，先生方が考えやすくなります。

1月
課題の整理と成果の発揮の準備

 課題の整理をミクロとマクロで

　「1月は行ってしまう，2月は逃げてしまう」と言われるように，3学期はあっという間に終わってしまいます。何となく，バタバタしていて落ち着かず，行事をこなして終わるというのではもったいないです。

　そこで，各学年や学級では，3学期に取り組みたい重点をはっきりとさせて取組を進めていくことが，子どもたちのやりがいや満足感につながり，自信をもって次の学年に向かう意識となります。1月の教務学年主任会では，学年主任の先生に毎月の学習のめあてや生活目標の達成への具体を述べてもらうだけではなく，「これまでの1，2学期での活動の成果や課題を基にして，3学期に自分の学年ではこのことを重点として取り組みたい」ということを語ってもらいます。例えば「靴そろえはみんなできるようにしたい」といった具体的でシンプルなもの，かつ，がんばったらみんなできそうなものがおすすめです。

　上であげたことは，学年やクラスレベルのことで，3学期のみの取組なので，学校全体からすればミクロな課題整理です。この時期進めておくマクロな課題整理としては，校務分掌での各係活動や行事の課題を洗い出し，次年度の改善につなげていくことがあります。

　この時期，各係の活動に対しての意見の募集は教職員全体に対して行われているでしょう。それと共に，教務学年主任会のメンバーとして各係の活動に対しての意見を聞くことは，学校の基幹としての教務学年主任会の一員としての意識を高めることになります。また，学校を俯瞰する立場からの捉え

を出してもらうことで，来年度の各係の活動の質をより高めていくことにもつながります。

　注意するべきことは，教務学年主任会で出された意見の各係への伝え方です。係主任に頭ごなしに伝えると，学校全体でも係の反省を求めているのに，教務学年主任会からも意見を言われることに対して抵抗感をもたれます。係の反省を全職員に求める呼びかけをする際に，教務学年主任会でも検討することを伝えておくと抵抗感は大きく減るでしょうし，**係主任と話すときは，まず今年度の係の活動の成果を価値づけ，労いの言葉をきちんと述べることが必要**です。

 ## 発表学習の目的の共通理解

　3学期の参観日では，学習発表をする学年が多くあります。発表することを目的にするのではなく，発表することを通して，どんな力を子どもたちにつけたいのか，どんな意識になってほしいのかを教師側が考えておくことが大切です。そこで，教務学年主任会で発表学習の目的を共通理解しておきます。

1月の主な内容メモ

12月の反省と1月の取組の具体，3学期の重点を学年主任から，2月の学力，生活の重点の提案を係から，発表学習の共通理解，学校評価アンケートの考察，来年度に向けた改善点の検討

CHECK!

　3学期はあっという間に終わりますが，その分，目標達成への意識を継続しやすいものです。がんばればできそうな目標設定をして，積極的に評価しましょう。

2月
成果の意識と共有

 笑顔で進級・進学するために

　学校の主役である子どもたちが今年度，学校に来るのはおよそ残り1か月です。

　日々を共に生活していると見えにくいのですが，ここまでの学習や生活の中で子どもたちは大きく成長しています。「こんなこともできなかった，不十分だった」という思いではなく，「こんなこともできた，あんなこともできた」という思いをもたせ，満足感と自信を胸に進級・進学させたいものです。そのために大切になるのが2月の取組です。

　1月の教務学年主任会での検討事項でも述べた発表学習は，子どもたちに自信をつけることに大きな効果があります。

　参観日に保護者の前でリコーダーを吹いたり，詩の暗唱を行ったりといった活動をやりきることそれ自体に価値があります。さらに，参観していた保護者から，温かな感想を述べてもらえると張り合いもあります。そして，翌日担任の先生から，緊張する場面でもがんばれたこと，発表で表現したいことがしっかりと伝わったことなどを価値づけることで，子どもたちはさらに満足感をもち，自信をつけていきます。

　2月の学習の取組に関する各学年の重点は，発表学習を行ったときにどのように子どもに自信をつけさせていったかを学年主任の先生方に語ってもらい，それを共有して，学校全体で発表をがんばる子どもを支援していけるようにしたいところです。

成果を広げ合う機会を

発表学習を全学年で行っている場合，**保護者対象の参観日だけではなく，他の学年の子どもたちに見せる機会も設けるとよいでしょう。**

　低学年が，すでに発表内容について学習している姉妹学年の高学年に見せるときには，同じことを学んだ先輩から見た評価を聞くことができます。高学年が低学年に見せるときは，あこがれのまなざしを感じることで，自信をもつことができます。

2月の主な内容メモ
1月の反省と2月の取り組みの具体，3月の学力，生活の重点の提案を係から，必要に応じて来年度に向けた改善点の検討

CHECK!
　発表学習は，発表自体に教師の意識が偏りがちですが，発表が終わった後の価値づけがとても大切です。それを聞いて満足感や自信が確かなものになります。

3月
最高の状態での締め括り

 残された課題を意識させる

　3月は学習のめあて，生活のめあて共に，「1年間で足りない力を伸ばす」ということに焦点化します。

　与えられた目標ではなく，自分で，あるいは自分たちで決めた目標は，その根拠として確かなものがありますから，納得して達成のための取組ができます。学年内で共通したものになるかもしれませんし，学年内で各クラスがバラバラの目標になるかもしれません。いずれにしても，**子どもたちの実態を踏まえた目標にすることが大切**です。

　また，1月に3学期全体を通した目標を設定しています。目標は達成を目指すものですが，子どもにとっては，それが「規則」という認識になりがちです。規則と目標の違いとして，規則は守らなければならない約束だけど，目標はできるようになることを目指すものであるということを改めて押さえておく必要があります。そうすることで，「3学期は規則がいっぱいで息が詰まる」という域に陥ることを防ぐことができます。

　さらに，まもなく卒業式や終業式があり，子どもたちは進学・進級しますが，そのことは自動的に行われていくのではなく，**「次の学年にふさわしい自分，次の校種にふさわしい自分になれたからだ」**という気持ちを子どもたちにもたせたいものです。

　そうすることで，最後にもうひと伸びして，進級・進学することができるでしょう。

次年度につなぐ

　ここまでに紹介してきた教務学年主任会の内容は，主に日々の授業改善や生活の質を上げることでした。**毎日行われていることにこそ，成長を支えるしかけを意図的に仕組み，全校体制で実施していくことで，子どもたちを１年かけて成長させていくことができます。**最後の教務学年主任会では，今年度の学習のめあて，生活のめあてが適切であったかを振り返り，来年度，さらに子どもたちに合ったものにブラッシュアップする参考にします。

> ### ３月の主な内容メモ
> 　２月の反省と３月の取組の具体，春休みの学力，生活の重点の提案を係から，来年度の生活目標，学習のめあての検討，校長，教頭から１年間を振り返ったコメント

学習のめあての組み方は，これでよかったでしょうか？

CHECK!

　最後の教務学年主任会では，校長や教頭から，１年間の教務学年主任会の活動に対する評価の言葉をいただきましょう。また，教務主任から，心を込めて先生方への感謝の言葉を述べましょう。

第5章 校務の質と効率を上げる

Chapter 5

係への意見は
紙ではなくPC入力にする

データ化することのよさ

　各係が主体となって行う行事や1年間の係活動を共に振り返るために，アンケートを取ることがよく行われます。

　項目だけ書いておいて，メモ書きしてもらうという方法を取っている学校もありますが，**パソコンで打ち込んでもらい，学校のサーバーにデータとして保存しましょう。**紙に書いてもらったものはその後係でパソコンに打ち込んでいく必要がありますが，はじめから各自で打ち込んでおいてもらえれば，係の仕事が1つ減り，少し負担が減ります。また，紙を使用しないので，資源の節約にもなります。

行事の反省をデータで

　運動会などの行事は，終わったらすぐ反省や振り返りを書く学校が多いと思います。行事が終わったらすぐ振り返りをするのは，とても大切なことです。記憶が新しければ，今年度の行事で工夫したことなど細かなことを振り返ることができますし，次回のことを考えるためにも大変効果的です。

　係主任は，行事の振り返りで意見がほしい項目と入力先を示し，教職員はその項目に沿って自分の意見をパソコンで打ち込んでいきます。

係活動の反省をデータで

　係活動の反省とは，年度末に職員会議で行う各係の反省です。こちらはエクセルのシートをつくり，反省を集めていきます。

係名	よかったこと	改善したいこと(代案)	氏名
国語係		水櫂黒板を新しいものにしてほしい	西村
算数係	図形の模型が使いやすかった		岩田
体育係	全校運動が毎回楽しかった		野上
体育係		全校運動の集合時、静かにするよう係が呼びかけてほしい	宮本
体育係	梅雨時の室内遊びの提案がありがたかったです		安原
音楽係		今月の歌はCDを配付してほしい	田端

　全体を統括する側は，係名，よかったこと，改善してほしいこと（代案）を入力するシートをつくります。それぞれの項目には，フィルタを設定しておきます。

　先生方は，係名の欄に自分が意見を述べたい係名を書きます。そのうえでよかったことや改善したいことを打ち込んでいきます。入力期間が終わったら，各係はフィルタを使って自分たちの係に関するものをピックアップします。

名前は必ず書く

　行事の反省でも，係活動への感想・意見でも，記入者の名前は書いてもらうようにします。そうすることで，後で記入内容について確認したいときに，詳しく説明してもらうことができます。

CHECK!

　名前を書くことで，記入者も自分の意見に責任が生じます。各行事や係の活動は，どれも係が誠実に行ったものですから，意見を述べる側も責任をもつように促したいところです。

係の反省と計画を
一度に済ませる

 反省と計画を一度に済ませる

　年度末に行う係の反省。年度はじめの教育計画に載せる係の計画。これらの文書を一度につくることで，校務の効率を上げることができます。

　次年度の係の計画の冒頭に，係の反省会で出された課題や成果を書く項目をつくり，それに続いて反省を踏まえた次年度の計画を書いていきます。

　職員会議で係の反省の発表をしたとき要望等が出されたら，係会をもち，修正を加えて教育計画の原稿にすればよいでしょう。

 反省を生かして今年の目玉を入れる

　係の活動は，何か特別なことがない限り，毎年大きな変化があるものではありません。

　したがって，極端に言えば，計画のはじめの「年度」と，係の活動を実施する日を変えれば文書はできてしまいます。

　しかし，それでは係の主体性が感じられません。毎年決められたことをこなしていくだけというのは，日々成長する子どもの教育活動を支えている仕事としては物足りないものです。

　そこで，**係の計画に１つだけ「今年の目玉」（今年度の活動の重点）を入れる**ことをおすすめします。係の先生方で検討し，「今年はこのことに特に力を入れる」というものを係の計画に入れてもらいます。そうするだけで，係の仕事に主体的に取り組む姿勢を喚起することができます。

2025 年度

〇〇係計画

1　昨年度の反省

2　今年度の目標

3　活動内容

4　その他

5　今年度の活動の重点

```



```

CHECK!

　今年の目玉は，例えば「教材室を毎月一度はきれいにする」といった具体的なことだと取り組みやすいですが，主体性を高めるために，まずは自由に考えてもらうということでもよいでしょう。

教科の計画は
2つの視点で立てる

 管理・運営面の計画

　各学校には教科の係があります。

　係の仕事として行っているのは，例えば，国語係であれば作文コンクールの作品募集，朱墨やだるま筆の各クラスへの配付など，管理・運営面のことが多いでしょう。

　各クラスの担任の先生が教科の授業を行ううえで困ることのないように，管理・運営面の取組がきちんとなされているというのは，必要最低限のことです。したがって，まずは，管理・運営面の計画がきちんと立てられていることが必要です。

 教科指導面での計画

　一方，教科の係が教科指導面で活動するということがなされているケースはあまり多くありません。

　これは，例えば国語係であれば，音読のバリエーションを先生方に紹介する，漢字指導の方法を紹介するといった，授業の内容そのものに関わる支援のことです。

　教科の係として管理・運営面の活動をつつがなく行うことはとても大切ですが，それぞれの係が教科指導面での情報発信等を積極的，かつ主体的に行っていくことによって，確実に各教科の授業改善は進んでいきます。

　そういった動きを生み出すためには，**教育計画に載せる教科の活動計画に，教科指導面での取り組みも入れることが第一歩**です。

2025 年度

国語係計画

○昨年度の反省

1　管理・運営面
　(1)　目標

　(2)　活動内容

　(3)　お願い

2　教科指導面
　(1)　目標

　(2)　活動内容

　(3)　お願い

○今年度の重点

CHECK!

　各教科の係が，従来教科指導面での取組をしてこなかった場合，どんな活動をするのかイメージをつかみにくいでしょう。そんなときは，教務主任が専門性をもつ係でまずモデルを示しましょう。

ペーパーレス化を
積極的に行う

 ペーパーレス化で作業を減らす

　校内では様々な情報が印刷物により共有されています。

　しかし，つくった資料を印刷して配付することには多くの手間と時間がかかります。したがって，データで共有できるものは，印刷せずにデータを配付し，閲覧してもらう方がずっと楽です。さらに，紙代や印刷代が浮くので，経費の節約にもなります。

 会議資料をデータで

　現在は各学校にタブレット等の端末が配付されています。そこで，職員会議の資料はその端末で閲覧してもらうようにします。

　そうすると，毎回の職員会議の前に原稿を集めたり，資料を印刷したり，製本したりといった手間をなくすことができます。1回の職員会議でのその作業時間を30分として，年間少なく見積もって職員会議の数を12回とすると，360分なので6時間が浮きます。

　職員会議で発表する係は，会議1日前の17:00までにサーバーの所定の場所に入れておく，教職員は職員会議が始まる前に一度目を通しておくといった約束事を決めておくとよいでしょう。**そうしないと，会議の直前や，ひどい場合には会議中に係からデータが配付されるということになり，丁寧な協議の妨げになります。**

　なお，この方法にすると，端末の画面を見ながら協議をすることにより，別の画面を開いて別の仕事をする教職員が現れるという懸念があります。し

たがって，職員会議中に別のことをしないということは年度当初の約束事として管理職から伝えてもらうことが必要です。

　職員会議だけではなく，教務学年主任会をはじめ，校内の様々な会議をペーパーレスで行うと，資料作成者はとても楽になります。

 教育計画をデータで

　教育計画もデータで済ませることができます。掲載されている係の活動は年度当初の職員会議で1回発表・確認するだけというものが多いです。清掃分担など繰り返し見るページもありますが，実は多くの教職員にとって，教育計画はデータで十分です。係ごとに番号を割り振ってファイル名をきちんとしてもらうようにすれば，フォルダ上で教育計画がしっかりとでき上がります。教育委員会等に提出する，校長室に保管するといったことのために印刷は必要ですが，それは数部程度です。新年度準備のときに必要な分だけ印刷して製本するのは教務主任1人でできるでしょう。

 紙の方がよいもの

　では，印刷した方がよいものは何でしょうか。それは，携帯しておき，すぐに確認できるものです。教務関係でいえば，「日報」がそれにあたります。月暦や週暦はデータでもよいのですが，教職員はその日に行う学校全体に関わる動きを日報で確認します。読む人と読まない人がいるとよくないですし，読むのに手間がかかるものでも困ります。**広く周知し，徹底を図りたいものは，印刷し配付すべき**です。

CHECK!

　学校は環境教育をしていながら，一般企業に比べて資源の無駄づかいが多いのではないでしょうか。ペーパーレス化を進めることで環境保護につながりますし，印刷にかかっていた時間を別のことに使えます。

学級経営案は簡潔に示す

 濃密な学級経営案は必要か

　学級経営案は年度当初につくります。学年主任がつくる学年経営案と担任の先生がつくる学級経営案の両方がある学校もあります。学級経営案には様々なタイプのものがあります。12か月何をするのか，各教科の授業の教材名を詳しく書き込んでいくタイプのものもあれば，生活科や総合的な学習の時間や特別活動と教科の学習内容をリンクさせたものもあります。

　教材名は各教科でつくる年間指導計画を見ればわかります。また，学級経営案は，1年間の学級経営についてのプランを示すものですが，子どもたちの実態に合わせた中核活動の構想が担任の先生の頭の中で固まってから完成させるということで，5月の半ばになってから提出という場合もあります。これでは1年間の計画になりません。また，上にあげた例で学級経営案を作成していくと，かなりの時間を必要とします。

 方策を端的に示す

　学級経営案は担任する子どもの実態を見たうえで，年間を通して担任の先生が意識して学級経営を行っていくための基本的なプランです。**子どもの様子は少しずつ変わっていくので，計画を細かく立てることは，計画に子どもを縛ることにもなりかねません。**ですから，主な観点は学習面と行動・生活指導面として，実態を見たうえでの担任の先生の願い，願いに迫るための方策を端的に示せればよいでしょう。4月は最も忙しい時期です。必要なことが端的に掲載された文書を短時間でつくれるようにしたいところです。

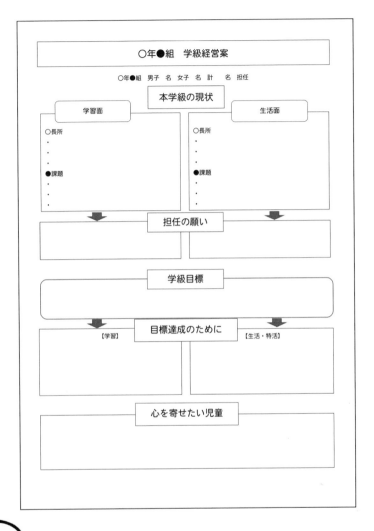

○年●組　学級経営案

○年●組　男子 名 女子 名 計 名 担任

本学級の現状

学習面

○長所
・
・

●課題
・
・

生活面

○長所
・
・

●課題
・

担任の願い

学級目標

目標達成のために

【学習】

【生活・特活】

心を寄せたい児童

CHECK!

　文章で書くと長くなりがちです。そこで上のようなフォーマットで枠や箇条書きなどを用いながら表すようにすると，端的に内容を示せます。そうすると，読みやすくなり，参考にもしやすくなります。

学校評価アンケートは
手際よく実施し，結果は慎重に扱う

 例年に倣って手際よく実施する

　全校の保護者，子どもたちを対象にした学校評価アンケートは対象範囲が広く，子どもたちへのアンケートは担任の先生が行います。

　このため，まず大切にしたいのは，**実施１か月前など周知を早めにする**ことです。アンケートに答えるためにかかる時間はさほど多くないにしても，早めに連絡を受けていることで保護者は心づもりができます。２年生以上の子どもをもつ保護者であれば，おおよそのアンケート項目の内容はわかりますから，実際にアンケート用紙が配付される前に日ごろ感じていることをまとめておいてもらえます。また，学級担任の先生も，早めに知らせてもらうことで「児童向けアンケートは〇月〇日の朝の会の時間で実施するんだな」と見通しをもつことができます。

　アンケート項目をどうするかといったことは，さらに早く決めます。年度ごとに質問内容が大きく変わってしまうと，保護者や子どもの意識の経年変化を見ることができません。学習指導要領が改訂されるといった大きな出来事がある場合にはそれに伴ってアンケート項目を変える必要が出てきますが，意味の通りにくいところの字句修正などを行いながら，**一度つくったアンケートはしばらく使う**ようにしましょう。

　アンケートの素案は教務主任がつくり，いったん校長，教頭に相談をします。そのうえで，教務学年主任会でアンケートの内容を検討します。教務学年主任会を通過したら，職員会議に諮ります。

　そのうえで，アンケート用紙，依頼文の準備など，事務的な作業に入って

いきます。

　このような流れで進めると，起案から実施まで2か月くらいは必要になります。

 アンケート結果は慎重に扱う

　学校評価アンケートには，番号で回答できるものの他に，記述式の質問も入れます。番号で回答するだけでは見えてこない，様々な立場や考えの方の意見を受け止めるということです。

　保護者がみな学校に満足しているかというと，普通そんなことはありません。学校に対して大満足という方もいらっしゃる反面，大いに不満という考えの方がいるのが当然です。さらに「こんな取組をしたらよいのではないか」という考えをもっている方もいます。回答の中には，辛辣な意見もあります。時には，担任を強く非難しているようなものもあります。

　気をつけなくてはいけないのは，こういったアンケート結果（意見）の扱いです。記述欄に書かれていたことをそのまま集計シートに打ち込み，サーバーに置くと，それは全職員が閲覧可能になります。自分を強く非難している文章をだれもが見られる状態になっていることは，当事者の先生にとっては大きな苦痛です。

　学校評価アンケートは教務主任のところに集まってきます。**記述式回答に書かれている意見は，校長・教頭・教務主任のみが知るパスワードをかけたシートをつくり，そこに入力する**のがよいでしょう。

CHECK!

　担任の先生はアンケートに何が書かれるか不安ですし，それをだれが見るのかも気になります。アンケートの内容検討を職員会議で行うときに，結果（意見）の扱い方も説明するとよいでしょう。

学校評価アンケートでは
少数意見も大切に扱う

 少数意見も大切に扱う

　学校評価アンケートの記述欄には多様な意見が書かれます。「○○先生にはとてもよくしてもらっています。ありがとうございます」といった温かな言葉も多くあるでしょう。しかし，「□□先生は子どもの言い分を聞かずに頭ごなしに叱るようです。そういう先生には担任をさせないでください」といったお叱りをいただく場合もあります。事実かどうかを知りたいところですが，匿名アンケートなので，書いた方を特定することはNGです。また，たとえ事実ではなくても，保護者にそのような不信感を抱かせていることを反省すべきであり，書かれてしまったことは，寄り添う形を取りながら担任の先生に示し，今後誤解を招かれないような指導を考えていく必要があります。

　記述欄には，例えば「運動会でのかけっこは，ビリになった子がかわいそうだからやめた方がいい」といった意見が書かれることがあります。こういった意見が1つあった場合，他の多くの保護者もそう思っているのか，あるいは，この保護者だけが思っているのかといったことを考えます。

　学年主任の先生を通して，各クラスの学級懇談会等で保護者から運動会の改善に対する意見があったかを調べます。そういった声が上がっていたクラスがいくつかあった場合，アンケートに書いてあった意見は氷山の一角であることがわかります。運動会の改善に関する意見は特になかったという場合，黙殺してしまうのは簡単なことです。しかし，保護者向けのアンケートの分析，対応を記した文書では，「運動会の改善に関する意見を頂戴しました。

今後，より一層，子どもたち一人ひとりが輝ける運動会となるよう努めていきます」といった形で記載します。**こうすることで，意見を寄せてくださった保護者の方に，「学校は誠実に対応してくれた」という印象を与えることができます。** それと共に，学校教育目標の具現の観点でかけっこを行うことの意義を改めて検討し，次年度の運動会の練習の際には，発達段階に応じ，子どもたちにかけっこの意義を指導し，必要に応じて学校だよりなどで運動会の種目紹介をして，各種目の意図を説明します。

　少数意見に対して過剰に反応する必要はありませんが，貴重な意見を真摯に受け止める姿勢は，学校を開く意味や，学校をよりよくする観点からとても大切です。

分析と対応は全職員が関わる

　学校評価アンケートは実施時期が2学期の終わりごろである場合が多いので，その後の処理が丁寧に行われないケースがあります。せっかく貴重な意見をいただいているのですし，アンケートを行うことそのものが目的ではなく，いただいたアンケートをよりよい教育につなげることが目的ですから，分析や対応は丁寧にすることが必要です。まず，教務主任が分析し，対応策を立案します。そのうえで校長，教頭に見ていただき，助言を受けて修正します。次に，教務学年主任会に諮り，意見を聞いたうえで再修正し，職員会議にかけます。こうすることで，全職員が分析と対応策の立案に関わることができます。また，**各学年の分析と対応策は学年会に下ろして学年で考えてもらうことも，全職員が関わるという点で1つの効果的な方法**です。

CHECK!

　アンケートの分析から見えてきた，今後必要な対応策については，できるものから即実行します。例えば「地域住民へのあいさつの声が聞こえない」ということへの対応などは，すぐに取り組めることです。

罰則を周知することで
非違行為を防止する

 非違行為防止研修を行う

　これは，効率性とは関係ありませんが，広く校務の質を高めるという点では重要な仕事です。

　教員の非違行為を分類すると，大きく**「ハラスメント（セクハラ，パワハラなど）」「交通違反（飲酒運転，速度超過など）」「情報漏洩」**の3種類になります。

　これらのことについては，事案が発生するたびにテレビや新聞で報道されます。校内研修で防止策を話し合うと，「非違行為の陰には教職員の職場でのストレスがある。だから，コミュニケーションを積極的に取りましょう」「職員室に来たら，できるだけ多くの先生と話をしましょう」といったこともよく言われます。しかし，なかなか非違行為はなくなりません。

　そこで，非違行為防止研修では，**それぞれの非違行為を犯したとき，どの程度の刑事罰や地方公務員法による罰があるのか法令を示します。**そして，懲戒免職等の処分を受けたらその後の人生がどうなるのかも示し，感想を言ってもらいます。**毎年同じ内容でもよいので，年に一度は行うべき研修**です。

 折に触れて啓発活動を行う

　年に一度の研修会では，そのときは重大に受け止めても，日が経てば忘れて気が緩む場合もあります。非違行為が新聞報道されたら紹介する，運動会の練習時期になったら体罰処分事例を紹介する，忘年会の時期になったら飲酒運転根絶の呼びかけをする…など，折に触れて啓発活動を行いましょう。

飲酒運転絶対ダメ!!!

　忘年会の季節になりました。お酒を飲む機会が多くなりますが、飲酒運転は絶対にダメです。

　関係の法規や処分を載せますので、目を通してください。

飲酒運転の刑事上の責任

■酒酔い運転の場合（道路交通法第 117 条の 2 第 1 号）
　→ 5 年以下の懲役又は 100 万円以下の罰金

■酒気帯び運転の場合（道路交通法第 117 条の 2 の 2 第 3 号）
　→ 3 年以下の懲役又は 50 万円以下の罰金

■アルコール又は薬物の影響により正常な運転が困難な状態で自動車を走行させ、よって、人を負傷させた場合（自動車の運転により人を死傷させる行為等の処罰に関する法律第 2 条危険運転致傷）
　→ 15 年以下の懲役

■アルコール又は薬物の影響により正常な運転が困難な状態で自動車を走行させ、よって、人を死亡させた場合（自動車の運転により人を死傷させる行為等の処罰に関する法律第 2 条危険運転致死）
　→ 1 年以上の有期懲役

懲戒処分の標準例

ア	酒酔い運転をした職員	免職
イ	酒気帯び運転で人を死亡させ、又は人の身体を傷害した職員	免職
ウ	酒気帯び運転をした職員	免職又は停職
エ	飲酒の事情を知りながら同乗した職員	停職
オ	エの場合において飲酒運転をした者に指示又は命令等をした職員	免職
カ	飲酒運転となることを知りながら飲酒を勧めた職員	停職

民事上の責任
相手方の自動車の修理代や、人身事故による治療費、慰謝料などの賠償金を支払わなければならない。

　この他に運転免許取り消し等厳しい行政処分があります。

CHECK!

　これは基本的には先生方に煙たがられる仕事です。しかし，ふとした気の緩みはだれにでもあるものです。先生方の意識を高め，守る大事な仕事ですから，責任をもって呼びかけをしていきましょう。

第6章 新年度準備，儀式的行事を円滑に進める

Chapter 6

新任の先生を気持ちよく迎える

 自分だったらどう思うかを考える

　異動初日，新任の先生はまず職員玄関で靴を履き替え，自分の下駄箱にしまいます。その際，私の経験では，下駄箱のどこを使ったらよいかわからずとりあえず空いているところに靴をしまうケース，下駄箱に名前シールがついており新任職員の場所には飾りが施されているケース，さらには玄関に受付をする先生がいて新任職員を下駄箱に案内するケースがありました。

　続いて，職員室での紹介の後，新任の先生方は自席に案内されます。そこで私は，第1回目の職員会議に必要な資料が机の上にどっさり山盛りになっているケース，机の上に資料が整然と角をそろえて置かれているケース，引き出しの中に整然としまわれているケースを経験しました。

　どのような迎え方なら，自分は歓迎されていると感じるでしょうか。

　下駄箱，職員室の机，それらは声に出してものを言いません。しかし，緊張して学校に来た新任の先生には聞こえます。「私たちは，先生が本校に来てくださるのを心から待っていました。どうぞよろしくお願いいたします。困ったこと，わからないことがあれば何でも聞いてください」と温かい声が聞こえるか，「私たちは，あなたが本校に来ても関心がありません」と冷たい声が聞こえるかは，教務主任を中心とした教職員の心配り次第です。

 「新任職員お迎え準備リスト」をつくる

　残務整理，新年度準備はとにかくやることが膨大であるため，本当なら新任職員を歓迎する気持ちはたくさんあるのに，その気持ちが伝わらない迎え

方をしてしまうことがあります。そこでまず必要なのは，以下のような **「新任職員お迎え準備リスト」** をつくることです。

■新任職員の駐車場案内
■新任職員の下駄箱のそうじと飾りつけ
■新任職員の職員室の机・いすの整備
■新任職員のロッカーの整備
■職員玄関の清掃
■職員玄関から職員室までの清掃
■職員室の清掃
■職員用トイレの清掃
■新任職員の自席までの案内

　リストがない学校はまずつくって実施し，不足していたら増やしていくとよいでしょう。リストをつくったら担当者を決めて，異動者の発表があったらすぐ周知・依頼します。

4月1日はみんな笑顔で迎える

　それぞれの分担で先生方に活動してもらった後，教務主任が確認します。それぞれの先生方はとても忙しい中で準備をしてくださっています。不足しているところは教務主任が補います。そして， **4月1日の朝，新任の先生を笑顔で迎えるよう声かけをします。**

CHECK!

　自分がどのように迎えられたかは，時間が経っても覚えているものです。新しい先生方が感じる第一印象は，その後，その先生ががんばってくださる気持ちのもとになります。精一杯の歓迎をしましょう。

年度はじめの大量の配付物を
マネジメントする

 ## 1学期始業式・入学式の日は配り物が山盛り

　1学期始業式・入学式の日は，子どもたちへの配付物が山盛りになります。給食の献立表など係からの配付物，また，児童調査票，学年だよりや学級だよりなど学年，学級からの配付物もあります。受け取る保護者も大変ですが，配付する担任の先生は，自分のクラスの分をプリントの山から数えて取り，過不足ないように配らないといけません。かなり，神経を使う仕事です。

 ## 先を見通してマネジメントする

　最も困るのは，入学式や始業式の当日に印刷物を示され，配ってほしいという依頼があることです。担任の先生の多くはこの時点では，本日の配付物リストを学年だより等に記載しているので，そちらをつくり直す必要が出てしまいます。こんな混乱状態に陥らないようにするには，教務主任による先を見越したマネジメントが必要になります。以下のような流れで進めます。

①3月上旬に，4月の始業式・入学式で配付するもの，またその後回収するものを各係に調査する（締切を3月中旬に設定）。
②配付物・回収物リストをつくり，先生方に配付する（3月末に1回，4月1日に1回）。
③配付物を印刷したら置いておく部屋をつくり，必要枚数より20枚程度多く刷り，所定の場所に置いてもらう。

配付物・回収物リストは，以下のような体裁でつくります。**各係への調査時に入力してもらった情報をそのまま使えばよいでしょう。**

配付物・回収物リスト

2025.3.20　教務

担当係	タイトル	回収の有無	回収締切	提出先

担任の先生方に配付していただくプリントは，
始業式・入学式の5日前までに必ず〇〇室机上に提出してください。
印刷部数は，児童数＋20部です。

配り方の見本を示す

　1年生にはたくさんのプリント類を袋に入れて渡しますが，2年生以上の場合，始業式の後の学活で担任の先生が子どもたちに1種類ずつ配付するというケースもあるでしょう。配るプリントの種類が多いので，子どもの机上がぐちゃぐちゃになったり，「足りません」「余りました」に対応しているうちに時間がなくなったりします。そこで，配付物は袋に入れて渡し，家に帰ってから確認させるようにします。**配付物一覧は学年だよりに記載し，不足している場合は翌日子どもを通じて伝えていただくようにします。**

CHECK!

　各係ががんばっていることが，結果的として全体に混乱を招いてしまうことにつながらないように調整していくことは，教務主任の大事な仕事の1つです。

儀式的行事の司会は
メリハリをつける

儀式的行事の雰囲気は司会で決まる

　教務主任は儀式的行事の司会をします。入学式，各学期の始業式，終業式，卒業式，そしてお別れする先生方との離任式・退任式の司会を行いますが，それぞれに儀式の意味合いが違います。司会の表情や声の出し方など，様々な点で工夫をすることで，それぞれの式の雰囲気をつくることができます。

入学式は明るく，優しく，朗らかに

　入学式の主役は，新しく学校に入ってくる新１年生です。

　学校の玄関で受付をする多くの子どもたち，そして，多くの保護者の表情は笑顔です。これから始まる小学校生活への期待が表情から伝わってきます。

　入学式では，夢いっぱいの新１年生に，「小学生になれたんだ，学校生活は楽しそうだな，がんばるぞ」という気持ちをもってもらう必要があります。できるだけ，新１年生の子どもたちに緊張感をもたせず，いつもより少しお行儀よくしたら式が終わった，というテンポが必要になります。

　司会は笑顔で行います。そして，声のトーンを少し上げて，明るい声を出し，朗らかな雰囲気をつくっていくよう心がけます。進行計画の中で司会のセリフはすべてつくってありますが，必要に応じて「みなさん，前を向きましょう」などとアドリブを入れつつ，新１年生がきちんとできるような指示を出していきます。

次に,
校長先生のお話を
聞きましょう。

卒業式は凛として

　入学式とは反対に,卒業式は引き締まった雰囲気で行います。6年間の教育課程を修了して,1つ上のステージへと羽ばたいていくわけです。立派に育った姿を示し,参観している保護者にもたくましくなった我が子の姿を感じていただきます。

　そのために,司会は笑顔ではなく,真剣な表情で行います。

　子どもたちも,ニコニコしているというよりは,引き締まった表情で参加しています。そういった真剣な一人ひとりの表情を見ていると,こちらもそれに応えようという気持ちになりますし,**在校生が参加している場合は,在校生側に引き締まった気持ちで臨む意識をもたせることにつながります。**声のトーンは,入学式に比べて低く,厳かな雰囲気を大切にします。

CHECK!

　入学式では1年生に向けた思いを,卒業式では6年生に向けた思いを,司会の声量,間,強弱,抑揚,速度といった「声の表情」で表しましょう。

儀式的行事を
トラブルなく運営する

細かなところまで気を配る

儀式的行事は，学校生活の節目となるものです。

体育館にしゃべりながら入場している，式の始まりを待っている間に私語がある，退場時にザワザワしている，といった落ち着きのない学校では，気持ちに「節」をつくることはできません。つまり，終業式や卒業式での成長の実感や，始業式での今学期の学校生活に向けた緊張感をもつことができないわけです。これは，とてももったいないことです。

教務主任は，儀式的行事のコーディネーターですから，責任をもってよい節目をつくるために仕事をします。式をシミュレートしてみて，起こりそうなトラブルを予想し，トラブルを未然に防ぐ対応をして，もしトラブルが起きても対応できるようにしておきます。

会場づくりは自分で

始業式や終業式の準備は教務主任が行います。例えば，校長からプレゼンテーションソフトを使って話をしたいという指示があれば，パソコンからスクリーンまで準備し，校長からデータを預かり，テストをします。真冬の暖房等，空調管理も教務主任が責任をもって行います。マイクの準備をして，声を出してみて，適切なボリュームにコントロールしておきます。

そして，始業式，終業式の始まる20分程度前に教務主任は会場に入ります。自分が調整しておいたマイクのボリュームが変わっていたりすることもあるので，最後の確認を行います。そして，各クラスの入場を待ちます。

入退場をコントロールする

　式が始まる前はだれもしゃべっていない。式が終わった後，最後のクラスが体育館を出るまでだれの話し声もしない。儀式的行事を節目として値打ちのあるものにするには必要なことです。

　各クラス担任の先生には，教室を出てから教室に戻るまで，校歌斉唱の場面以外は私語のないようにしてほしいということを依頼しておきますが，現場での指導も必要です。まず，最初に入場してきたクラスへの指導が大切です。最初に入場してきたクラスが私語のない状態であれば黙っていますが，緊張感がなく，私語を交わしている姿が1つ見られたらすぐにマイクを使って，「大切な式の雰囲気は最初に入場してきたクラスがつくります。よい式ができるためにはみなさんが静かに待っていてくれることが大切です。全校のお手本となる姿を期待します」といった意味合いのことを述べます。**式が終わった後には，そのクラスの子どもたちにお礼を言います。**

 ## セリフはすべてつくっておく

　入学式や卒業式のときのセリフは当然つくるものですが，始業式や終業式のときもセリフをつくります。いくら普段接している子どもたち相手でも，全校が集まると，こちらも緊張するものです。セリフはすべてつくり，式の流れと共に教職員に配付します。そうすることで，先生方も式の内容をよりはっきり知ることができます。セリフをつくったら体育館で何回か練習し，1回も詰まることがない状態にしておきます。

CHECK!

　式中最も恐いのは，子どもの変調です。起立の指示を出すときはゆっくりと声をかけ，子どもが立っているときは，養護教諭と連携して子どもたちの様子を見守り，苦しそうな子はすぐに対応しましょう。

第7章 学校内外の人間関係を円滑にする

Chapter 7

ベテランの先生をリスペクトする

 どんな意識かは見透かされている

　仕事がよくできて，授業がうまく，研究主任の経験もある，という実力のある先生が，30代から40代はじめくらいで教務主任になったときに見られがちなことの1つが，「ベテランの先生を大事にしない」ということです。

　教務主任が集まる研修会でのグループ協議で，

　「ウチの学校にはもうすぐ定年になる先生がいるんだけど，この人が，腰が重いんです。提出してほしい文書はいつも遅れて本当に困ります」

　「私の学校にはさらに困った方がいて，職員会議で出した企画には必ず反対します。その先生が反対するおかげで，係で再検討して，次の職員会議で再審議ということがしょっちゅうあります」

　といった愚痴がよく聞かれます。

　確かに，若くして教務主任になり，バリバリ仕事を前に進めていきたい先生としては，腰が重く，文句の多いベテランの先生は「お荷物」に見えているのかもしれません。しかし，ベテランを，校務を推進するうえでのマイナス要因と意識しているうちは，まったく状況は変わりません。

　ベテランの先生方には，若手の教務主任の先生の意識は手に取るようにわかります。自分のことを「お荷物」と思い，苦手意識をもっているかは少し話してみるだけでわかります。自分のことを下に見ている教務主任に協力したい気持ちが起きるはずはありません。

　したがって，**ベテランの先生に対しては，教務主任が本当の意味でリスペクトをもつことが必要**です。

そのためには，当然のことながら，ベテランの先生の願いや立場に思いを寄せることが必要です。

提出物がいつも遅くなる先生は，家に帰ると老親の介護をされているのかもしれません。大切な親御さんのこと，自分の将来のこと，心配なことはいくつもあるでしょう。萎えそうな気持ちに抗いながらやっとの思いで学校に来ているのかもしれません。またそれは，現在は若くて元気いっぱいの教務主任の20年後の姿かもしれません。

職員会議で教務主任からすれば「文句」ばっかり言っているベテランの先生も，かつては地域で有名な実践家だった方かもしれません。前任校では教務主任として学校を引っ張っていた方かもしれません。また，文句の中身をよく分析すると，ベテランの先生の負担が重くなるから反対という自己都合ではなく，今回の避難訓練の計画だと，2年生と5年生の動線がぶつかるので反対，というように，係の計画が混乱なくできるか等の視点で意見を述べていることに気づいたりします。

積極的に相談を

ベテランの先生方には，積極的に相談をしましょう。

経験上，「〇〇をしたいと考えているのですが，どう思いますか？」という切り出しよりも，「□□先生，1つお願いがあるのですが…」「教えていただきたいことがあるんですが…」といった切り出しの方が，ベテランの先生方は親身になってくださいます。ベテランならではの考えをたくさん教えていただくことは，学校にとっても，自分にとっても財産になります。

CHECK!

学校がよりよくなるために，ベテランの先生方の経験値は大変貴重で，重要です。積極的にベテランの先生方の懐に飛び込み，たくさんのことを教えていただきましょう。

20代前半の先生をリスペクトする

 若者がもつ創造性と感性にはかなわない

　大学を出たばかりの新卒の先生，あるいは，経験年数が2，3年の先生の授業や学級経営は，荒削りである場合が少なくありません。

　教師の仕事は，子どもの思いや実態をつかみ，そこに合わせた授業や学級経営が必要です。子どもの思いや実態の傾向をつかむことができるようになるには経験を必要とします。また，子どもに合わせた授業デザインや言葉かけも，経験を重ねるにしたがって効果的なものが蓄積されていきます。

　書籍を読み，知識を得ることも教職には必要なのですが，経験値もとても重要になります。そして，若い先生方には経験値が圧倒的に不足しているため，手探りで実践を重ねていく状況になりがちです。

　しかし，例えば，研究授業の授業者になった新任の先生に授業展開案を聞いてみると，自分には思いつかなかったような考えを聞かせてくれる場合があります。

　また，クラスでのイベントもユニークなものを考えて子どもと共に笑顔で盛り上がっている場合もあります。

　つまり，**若い先生方は，経験値は少ないものの，創造性や子どもに合わせていく感性は大変優れている**わけです。

　大事なことは，「若い先生は何も知らなくて，何もできないから，何でもかんでも教えなければいけない」とか，「若い先生の考えは未熟なので，聞く必要がない」といった意識に周囲がならないことです。

思いを聞いて，価値づけ，助ける

　そこで，**若い先生方には，積極的に思いを語ってもらう**ことをまず大切にします。学年会や研究授業づくりのための会議等で，提案された企画案などに対して自分の思いを語ってもらいます。もちろん自分の担当する企画や研究授業があれば，まず思いを語ってもらいます。

　肝心なのはその後です。

　若い先生が提案した企画に抜け落ちていることがあるのは当然です。そこを捉えて指摘するのは，年長者からすれば簡単なことです。しかし，提案し，思いを語ったら，上から目線で未熟なところを指摘された，という経験を積んでいったら，若い先生はどんどん自信をなくし，思いを述べようという意欲は起きなくなります。

　したがって，**若い先生が述べたことの中で「これはよい，おもしろい」ということに対する肯定的な評価をまず行う**ことが大切です。教務主任がそういった姿勢で肯定的な評価を述べることは，周囲の先生方にも影響を及ぼします。ここで大事なことは，**きちんとした理由づけをして肯定的な評価をする**ことです。単なるお世辞はだれでもわかりますし，慰めや憐みとして受け止められるのは避けたいことです。

　そのうえで，「さらにこうしたらどうか」ということを伝えます。このとき必要なのは，**具体的に伝える**ことです。具体を示すことにより，何をすべきかのイメージを鮮明にもつことができます。してはいけないのは，若い先生にとって考えが固まっていないところを問い詰めることです。

CHECK!

　「職員室は居心地がよく，先生方と話すことはとても楽しい」と若い先生が思ってくれるような雰囲気をつくれるようにしたいものです。教務主任は積極的に若い先生に話しかけていきましょう。

PTA，地域の方とつながる

 感謝の気持ちを伝える

　教務主任と PTA の総務を兼務している先生は多いと思います。

　PTA の仕事は神経を使うので大変ですが，保護者の方とつながっていくためにはとても大切な仕事です。

　PTA の役員のみなさんは，ご自身の仕事があったり，家庭での用事があったりする中で，時には夜の会合にも足を運んでくださり，PTA の諸活動を行ってくださっています。これは，教務主任自身が自分の子どもの学校・園で PTA の役員をしたことがあれば実感としてよくわかると思いますが，とても大変なことです。

　様々に犠牲を払いながら学校に協力してくださっている PTA の役員のみなさんに敬意と感謝の気持ちをもって接するのは当然のことですし，そういった気持ちはしっかりと表していくことが大切です。

　また，言うまでもありませんが，地域の方も PTA の役員のみなさんと同様に大切な存在です。

　雨の日も雪の日も炎天下でも，子どもたちの登下校の安全を見守ってくださる方々をはじめ，様々な面でお世話になります。地域の方にも PTA の役員のみなさんと同様，敬意と感謝を伝えていきましょう。

 積極的にお声がけする

　では，どのようにしたら敬意と感謝を伝えることができるでしょうか。まずは，直接お会いしたときにあいさつや声かけをしていくとよいでしょう。

　PTAの役員のみなさんに対して，夜の会合のときや参観日のときにこちらからお礼を申し上げていくべきですし，PTAの役員さんが何かの用事で来校されたときにも，声をかけに行くとよいでしょう。

　そういったことを繰り返していくことで，PTAの方からの信頼感や親近感を得ることができます。

　地域の方に対しては，登下校の見守りをしてくださっているところに年に数度は立ち合ってお礼を伝える，民生委員等をしてくださっている地域の方が来校され会合を行うときあいさつをする，運動会や入学式，卒業式の来賓で来られた地域の方にあいさつをする…など，機会を見つけてお声がけするとよいでしょう。**気持ちを伝えることもできますし，顔と名前を覚えていただくこともできます。**

いつもありがとうございます。

CHECK!

　信頼感や親近感をもっていただくことは，行事や子どもや先生方の評判など，様々な情報を得ることにもつながります。また，学校に大きな事件があったときに助けていただけることにもつながります。

教職員の対人関係スキルを高める

 電話対応のスキルを高める

　広く危機管理という意味で言えば，教職員の倫理意識を高める研修や，校内に不審者が侵入した際の対応の研修は職員研修で行われていますが，対人関係でのリスク回避に関する研修はあまり行われていません。

　民間企業に働く初任者の多くがまず行うことは，電話対応です。

　電話での対応は，よかれあしかれ相手に強い印象を与えるので，まずきちんとした受け答えができるように鍛えられます。このことを典型として，一般社会では社会的なルールを踏まえて，相手との円滑なコミュニケーションができることを求められます。

　転じて学校を見てみると，先生方がコミュニケーションを取るのは，クラスの子ども，保護者，同僚，そして出入りの業者さんといった範囲になり，とても狭いものです。したがって，外からかかってきた電話の受け答えも，自分の名前を名乗らなかったり，ぞんざいであったりする場合が少なくありません。

　電話対応のスキルは１つの例ですが，職員研修の１つとして，対人コミュニケーションのスキルアップを図る研修を入れることで，「子どもに常識を教えなければならない立場でありながら，実は自分が一番常識をわかっていない」と揶揄されがちな教職員の社会性を高めることができます。

 保護者対応のスキルを高める

対人関係のスキルを高めることで，ひいては相手を尊重する意識・態度を

高めることができます。そのことは，保護者対応のスキルを高めることにも
つながります。対人関係のスキルを高める研修の際，同時に行いたいことは
保護者対応の研修です。保護者対応の心得として一番に行うことは，**学校事
故や生徒指導事案が発生したときの対応**です。それぞれ実際に起きた事故等
を想定して，いつ，どのように保護者に伝えるのか，その後の動きをどうす
るかをシミュレートします。こういったことは，中堅やベテランの先生方で
あれば何度も経験していることですから，それぞれの先生方が大切にしてい
ることを出し合ってもらいます。

　もう１つ大切にしたいことは，いわゆるモンスターペアレントを生まない
ようにするための対応です。はじめからピリピリしている保護者の方は少な
く，担任の先生の対応が積もり積もって不満と不信が爆発するというケース
が少なくありません。小グループで，どのような保護者対応をしていたら失
敗したのか，どのような保護者対応をしていたらうまくコミュニケーション
が取れたのかといった経験を語り合うとよいでしょう。

私は，保護者の方が
連絡帳を通して問い合わせて
くださったことへの返事の書き方で，
大失敗したことがあって…

CHECK!

　うまく関係がつくれた話もためになりますし，失敗事例はどうすれば
よかったのかを考えることで，とても貴重な教材となります。教務主任
から率先して失敗を語りましょう。

第8章　教務主任1年目に特に大切にしたいこと

Chapter 8

校内の隅々にまで目を配る

　学校には多くのお客様が来校されます。お客様が学校に来てはじめに目にするのは玄関です。玄関には傘立てがあります。雨の中来校された方は，傘立ての中の傘が整然と並んでいたら，ご自分の傘をスムーズにしまうことができるでしょう。一方，ぐちゃぐちゃになっていたらどうでしょう。ぐちゃぐちゃの傘の間にご自分の傘を差し込むことになります。お客様はきっと不快に思うでしょう。

　玄関は学校の顔ですが，傘立て以外にも，玄関に砂やほこりが溜まっていたり，来客用のスリッパがそろっていなかったりするというのは，よく見かける光景です。来客用の玄関の掃除は高学年の子どもたちが担当する学校が多く，丁寧に掃除をすることはできますが，相手意識をもって整えるということは，指導する側にその意識がないとできません。つまり，お客様の気持ちがよくなる状態にまで整えることはなかなか難しいものです。また，指導して，そのような状態にできたとしても，次の日の朝には様々な原因で乱れ

たり，汚れたりしている場合も多いでしょう。

　そこで教務主任は，登校したらすぐ，来校者が使用する玄関の清掃をします。玄関の掃き掃除をして，スリッパを整え，傘立ての中に入っている傘をきれいに並べます。できるだけ他の先生方が来られる前に行ってしまいます。なぜならそういった姿を見せることがプレッシャーになるからです。**「高学年の子たち，きれいに掃除しているな」と先生方が思っていればよい**のです。

　また，お客様を迎えて会合があるときには，朝，職員トイレの清掃をします。玄関と共に，トイレは学校のもう1つの顔です。さらに，研究授業があり，助言者を迎えるような場合には，玄関に来客用の案内黒板を置く，駐車場がある場合には，スペースを確保しコーンを置くことも必要です。このようなことはすべて「お客様を大切にする」「相手に対して思いやりをもつ」という，学校で子どもに教えていることです。したがって，**子どもに教えていることを，口先だけでなく，教職員も当たり前に行っていることを示すことにもなります。**

先生方が快適であるために

　先生方の共用スペースは整理整頓の盲点です。その最たる場所は印刷室です。学年の棚のワークブックが乱雑に入っていたり，印刷用紙がほんのわずかになっていたりすることはよくあります。忙しい合間をぬって作業をしているので仕方のないことです。紙の補充，部屋の整理整頓はこまめに行いましょう。

CHECK!

　目の届かないことや，作業分担のすき間になっていることはどの学校にもあります。見つけたら，だれかに指示をするのではなく，自分がコツコツとやり続けることが大切です。

ヒラメにならず，マグロになる

　ヒラメとマグロの違いは何でしょう。

　2つあげます。

　まず，目の位置が違います。ヒラメの目は体の上についています。したがって目はいつも上を向いています。

　一方，マグロの目は体の横についています。目は前と上下左右，そして真後ろ以外は後ろも見ることができます。

　続いて，行動です。

　ヒラメは海底の砂の中に潜っています。獲物が近づいたときに捕食のための行動を起こします。

　一方，マグロは常に動いています。むしろ動きを止めると酸欠になって死んでしまいます。

　では，教務主任はどちらになった方がよいのでしょうか。

　ヒラメ型教務主任はこんな方です。

　まず，常に校長や教頭の顔色をうかがっています。「様々な係主任を経験し，学年主任を経験して，やっと教務主任になった。管理職まであと少しだから，校長や教頭に気に入られたい」という気持ちが露骨に出てしまっているタイプです。やっと教務主任になったので，管理職試験への推薦をしてもらうため，校長先生や教頭先生に気に入ってもらいたいと思うのは当たり前の感情です。しかし，その思いが強過ぎるあまり，他が見えなくなることは避けたいものです。また，ヒラメ型教務主任は，職員室の自席に座りっぱし

で，自分の授業時間以外は動かず，相談に来た先生方には指示を出すだけで自分から動かないという特徴があります。**教務主任に相談すると手伝ってもらえず，指示ばかりされてかえって仕事が増えると悟った先生方からは，だんだん相談事が減っていきます。**

では，マグロ型教務主任はどんな方でしょう。

視野が広く行動力があるので，校内で起こっている様々な出来事をキャッチすることができます。4月以来，児童玄関で学校に入るのを拒んでいた子が，担任の先生やそこに通りがかった先生の温かく根気強い声かけで，最近は笑顔で校舎に入れるようになった，といったよい姿はもちろん，改善が必要な姿も見取ることができます。

そのため，管理職との打ち合わせ会で校長がやや実態を捉えきれていないことを述べているときなどにも，事実を示して補足することができ，結果として適切な学校運営のアシストをすることができます。

よりよい方向に向けてつなぐ

もしかすると，「教務主任は管理職以外の先生方の代表なので，時には管理職と戦うべし」と思われる方がいるかもしれませんが，そうではありません。**マグロ型教務主任は，管理職の声も管理職以外の先生方の声も子どもたちの声も聞ける存在**です。多くの情報を基にして，先生方が納得し，気持ちを合わせて協力し，学校がよりよい方向に進めるように調整することが大切です。

CHECK!

上だけ見てがんばったけれど昇任への推薦がもらえないという結果は悲しく，寂しいものです。自分のためではなく，学校のため，子どものために汗をかき，子どもや学校がよりよくなることを優先しましょう。

兼務を励みにする

 ## 兼務は大変

　教務主任の仕事は，とてもたくさんあります。それだけでもこなしていくことは大変です。

　しかし，学校の規模や様々な事情によって，別の校務と兼務する場合もよくあります。

　例えば，学級担任。学級担任になると，当たり前のことですが，基本的には自分の担任するクラスの子どもたちと行動を共にします。したがって，始業式や終業式をはじめとした儀式的行事のとき，教務主任は早く会場入りする都合があるので，式の際の所作の指導を念入りに行ったうえで，隣のクラスの先生に自分のクラスの引率をお願いするといったことが必要になります。

　また，休み時間には子どもと遊んだり，話をしたりしたいところですが，職員室に戻り，先生方の相談に乗ったり，調整をしたりすることも多くあります。そのため，担任する子どもとのコミュニケーションを取る機会が減ってしまうことがあります。

　しかし，それでクラスがだんだん荒れてしまうことは避けなければいけません。例えば，終業式のとき，全体の進行をしながらときどき自分のクラスの子どもたちの様子を観察します。そして，式が終わったら**「今日の式で先生はみなさんの傍にいてあげられなかったけれど，今日のみなさんの姿を見ていて先生は感動しました。みなさんが，お話しする校長先生の方をしっかりと見ていたからです。誇らしい気持ちになりました」**と子どもたちのがんばりを伝えるなどして，信頼関係を築いていくことが必要になります。

　さらに，学級担任だけでなく，学年主任も兼務することがあります。これに加えて，全校研究主任，研究授業の授業者を受けるということもあります。ここまでくると，開き直って働くしかありません。

 ## プレッシャーをやりがいに

　兼務する校務が多かったり，重かったりすると，負担感を覚えます。そして，プレッシャーを感じます。「先生方に助言をすることがある立場なのに，担任しているクラスが崩壊してしまったらどうしよう」といった教務主任であるからこその心配は尽きません。

　しかし，**できると見込まれているからの兼務**です。それだけ認められていることを励みにしましょう。

CHECK!

　兼務を可能にするための1つのコツは「仕事を追いかける」ことです。早め早めに一つひとつの仕事を処理することで複数の仕事がたまって立ち往生することを回避できます。

1年目は仕事に慣れること，
観察することに注力する

 1年間の仕事を知る

　教務主任の仕事として，学校のスケジュールを組んでいくことがあります。
この仕事はとても地味ですが，学校や学年の活動が混乱することなく円滑に
進んでいくためには，非常に大切です。

　組んだスケジュールは，子どもたち，保護者，先生方，また時に地域の方
に知らせます。間違いが許されない，責任の重い仕事です。

　しかし，学校がよりよくなっていくために，スケジュール調整以外にも取
り組みたいことは多くあります。例えば，教務学年主任会の活性化，先生方
の事務処理の負担軽減などがあげられます。せっかく教務主任になったので
すから，学校のためになることをどんどん行っていきたいものです。

　しかし，例えば教務学年主任会の活性化といった取組は，これまでのやり
方の課題を示し，その対応として提案していくことが必要ですし，それぞれ
の月で解決していく課題を洗い出す必要もあります。

　つまり，**教務学年主任会の活性化は，ある程度の時間をかけ，必要な手続
きを踏んで取り組むべきもの**です。

　また，そもそも教務主任1年目は，これまでの教務主任が行っていた仕事
を引き継ぐ中で，その仕事量の多さに圧倒され，「よし，学校をよりよくす
るためにいろんなことを変えていくぞ！」とまで思える元気は出にくいもの
です。

　そこで，**1年目はまず前任者の行ってきたことに倣って仕事をする中で，
教務主任が行う1年間の仕事をしっかり理解する**ことが大切です。

よく観察する

　1年目はしっかりと仕事を理解し，慣れることが大切ですが，あわせて，現状をよく観察することも大切です。そのうえで，どうしたらよりよくなっていくのかについて自分なりの見通しをもち，管理職の先生方に手立てを相談していくことが望ましいでしょう。管理職の先生方と問題意識を共有することにより，教務主任が中心となって取り組む活動の推進力は強くなります。

偉そうにしない

　最後に，気をつけるべきことを1つ述べます。

　それは，偉そうにしないことです。

　教務主任になって，いきなり他の先生方に対して威張り出すという方はほとんどいないと思います。

　気をつけたいのは話し方です。

　自分では今まで通りの話し方だと思っていても，教務主任という立場を背負っているので，相手の方は「上から目線で命令されているようでイヤだな」と思う場合があります。

　偉そうにしていると思われないためには，**今まで以上に相手の方が気持ちよく受け取れるような話し方を心がける**ことが大切です。

> **CHECK!**
> 　1年目は慣れること，観察することが大切ですが，1つだけでよいので，学校がもっとよくなるために，自分のこだわりのある仕事をするということもすてきですね。

【著者紹介】

小林　康宏（こばやし　やすひろ）

長野県生まれ。横浜国立大学大学院修了後，長野県内の公立小中学校に勤務。元長野県教育委員会指導主事。現和歌山信愛大学教授。日本国語教育学会理事。全国大学国語教育学会会員。きのくに国語の会顧問。東京書籍小学校国語教科書「新しい国語」，中学校国語教科書「新しい国語」編集委員。
単著に『大事なことがまるっとわかる　研究主任1年目の教科書』『小学校国語授業　思考ツール活用大全』『小学校国語「書くこと」の授業づくり　パーフェクトガイド』（以上，明治図書），『問題解決型国語学習を成功させる「見方・考え方」スイッチ発問』『小学校国語「見方・考え方」が働く授業デザイン』（以上，東洋館出版社）他多数。

〔本文イラスト〕松田美沙子

大事なことがまるっとわかる

教務主任1年目の教科書

2024年3月初版第1刷刊　ⒸＣ著　者　小　　林　　康　　宏
　　　　　　　　　　　　発行者　藤　　原　　光　　政
　　　　　　　　　　　　発行所　明治図書出版株式会社
　　　　　　　　　　　　　　　　http://www.meijitosho.co.jp
　　　　　　　　　　　　　　　　(企画)矢口郁雄 (校正)奥野仁美
　　　　　　　　　　　　〒114-0023　東京都北区滝野川7-46-1
　　　　　　　　　　　　振替00160-5-151318　電話03(5907)6701
　　　　　　　　　　　　　　ご注文窓口　電話03(5907)6668
＊検印省略　　　　　　　組版所　広　研　印　刷　株　式　会　社

Printed in Japan　　　　　　　ISBN978-4-18-073152-7
もれなくクーポンがもらえる！読者アンケートはこちらから